Erick KADIAMBUTA MBALA

Comment gagner la vie éternelle

Erick KADIAMBUTA MBALA

Comment gagner la vie éternelle

Éditions Croix du Salut

Imprint

Cover image: www.ingimage.com

Publisher:
Éditions Croix du Salut
is a trademark of
Dodo Books Indian Ocean Ltd. and OmniScriptum S.R.L publishing group

120 High Road, East Finchley, London, N2 9ED, United Kingdom
Str. Armeneasca 28/1, office 1, Chisinau MD-2012, Republic of Moldova, Europe
Printed at: see last page
ISBN: 978-620-6-16992-5

AVANT PROPOS

Avant d'aborder notre sujet, nous aimerons éclaircir le sujet pour comprendre pourquoi avons-nous utilisé le verbe « gagner ». Le verbe est utilisé dans le sens de remporter (gagner un procès), obtenir un profit et non mériter. Car, dans ses rapports avec Dieu, l'homme, de lui-même, ne peut rien mériter, ayant tout reçu gratuitement de Dieu. Néanmoins, Dieu lui donne la possibilité d'acquérir des mérites par son union à la charité du Christ, source de nos mérites devant Dieu. Les mérites des bonnes œuvres doivent donc être attribués avant tout à la grâce divine, et ensuite à la volonté libre de l'homme.

L'homme a été créé pour vivre éternellement heureux, mais la désobéissance l'a détaché de Dieu. Ce qui a fait que son état de bonheur parfait, change en état de malheur. A partir de cette désobéissance, l'homme naît avec une facilité de faire le mal que de faire le bien. C'est pourquoi nous voyons un bébé égoïste qui refuse que sa mère allaite un autre bébé. Pour redevenir à cette vie, il est appelé à vivre selon les règles divines. Or qu'il a une difficulté de s'adapter lui-même seul à cette vie. Il doit obtenir une grâce de Dieu pour qu'il s'adapte. Cette grâce est obtenue par celui qui croit et qui s'ouvre à Dieu. Par son état de pécheur, cela était difficile, c'est pourquoi il devrait premièrement être purifié. Cette purification est par le sang. Dieu utilisant son amour ou sa miséricorde, a donné son Fils Unique pour cette purification. Et à partir de ce moment, l'homme a commencé à vivre par la grâce. Cette disposition de la grâce est pour tout croyant. Ce qui prouve qu'on croit, c'est la vie conforme aux règles (Jacques 2:14-26). La grâce ici, n'est pas la grâce habituelle que Dieu donne à tous les hommes sans distinction (telle que la grâce de vivre sur terre).

Le gagner de la vie éternelle n'est pas payant car le Christ a payé pour nous. Si vous lisez tout ce document vous comprendrez.

Quand on gagne la vie éternelle, on devient automatiquement fils de Dieu. Et quand on la perd, on devient fils du diable qui hérite de l'enfer. La vie éternelle est facile à gagner mais l'homme lui-même la rend difficile.

INTRODUCTION

Dieu créa l'homme pour vivre heureux et éternellement. Mais désobéissant à Dieu, tous ces bonheurs sont coupés. Et l'homme pour être sauvé doit des sacrifices à Dieu. jadis, l'homme le Faisait par des holocaustes mais Dieu par sa miséricorde l'a racheté en donnant son Fils pour être sacrifié à sa place et son sang a purifié tous les pécheurs croyants. C'est pourquoi, nous, en étudiant cette approche, nous avons voulu faire voir que cette grâce est par la foi et faire voir qu'il n'y a pas de foi sans la preuve de la foi (Jacques 2:14-26). C'est pour dire que la foi à Dieu et la croyance à sa parole est vu par le respect de ses règle avec amour. Celui qui a cru fera ce qui est de l'esprit de Dieu et produira ses fruits.

La vie éternelle est gagnée par celui qui respecte ou observe les commandements de Dieu (Matt.19 :16-21).

Le présent article est le produit des enseignements que nous avons suivi, soit par radio, soit dans l'église, soit par la lecture personnelle des écrits bibliques. Ces enseignements sont soutenus par la réponse de Jésus au jeune Riche. C'est ce qui fait que l'article soit le développement de cette réponse.

Les enseignements qui nous ont plus aidé sont de: la Radio Maria (Père Roger WAWA et Abbé Albert MBOLE); Radio Parole Eternelle de Laborne (Jacques VERNON); Parole à vivre de la communauté Bondeko et Radio RTGA (Christian BOSEMBE).

Cet article parle de la vie éternelle, comment la gagner et quel est le processus à suivre pour y parvenir?

Pour gagner la vie éternelle d'après nous, il faut passer par six étapes suivantes:

⇒ avoir le désir de la vie éternelle;

⇒ écouter et lire la parole de Dieu habituellement;

⇒ croire en Dieu et en Jésus Christ (comme seigneur et sauveur);

⇒ avoir la Foi en Dieu et en sa parole ;

⇒ Pratiquer l'abnégation;

⇒ mettre en pratique la parole écoutée et

⇒ prier ou se communiquer avec Dieu.

Lisez premièrement tout l'article et reprenez, étape par étape en utilisant la bible et en pratiquant les instructions. Après la lecture de chaque étape, faites l'introspection pour voir si vous êtes conforme à ce qui est écrit dans cette partie. Vous verrez que même votre comportement changera. Essayez aussi de partager avec les autres tout ce qui y est écrit.

DEFINITION

La vie éternelle est celle qui dure éternellement, c'est-à-dire, qui n'a pas de fin, qui ne cesse d'exister. Elle est la deuxième vie après la résurrection.

Elle est une grâce qu'un croyant obtient après la vie terrestre. Elle est la conséquence positive de la première vie qui est terrestre, c'est-à-dire, pour la gagner il faut la préparer pendant la vie terrestre.

La vie éternelle, c'est connaitre Dieu comme le seul vrai Dieu et celui qu'il a envoyé: Jésus Christ (Jean 17:3).

Après la mort, nous vivrons dans un état de joie parfaite, sous le regard de Dieu. C’est ce qu’on appelle la vie éternelle. Elle concerne tous les hommes qui en ont le désir, ce qui peut déjà s'expérimenter sur la terre.

La vie éternelle est un état de plénitude de vrai bonheur et de vie, qui ne peut être réalisé que dans la vision de Dieu. La vie éternelle est la vie du monde à venir qui désigne le fait de la vie après la mort.

La Bible fait 44 fois référence à la vie éternelle, dont une fois dans l'Ancien Testament (Daniel 12:2) et 43 fois dans le Nouveau Testament. L'auteur qui en fait le plus mention est l'apôtre Jean (17 mentions dans son évangile, 6 dans sa première épître).

VOICI LES ETAPES A SUIVRE POUR GAGNER LA VIE ETERNELLE

1. LE *DÉSIR ARDENT D'Y PARVENIR.*

Ce désir doit être passionnant.

Voyons quelques définitions du désir pour bien appréhender cette pensée.

Le désir est :

- Une agitation de l'être vivant causée par le besoin d'une chose et surtout par la difficulté ou l'impossibilité de la posséder.
- Une envie vive et soudaine, inspirée par le sentiment de posséder une chose.
- Un mouvement fondamental, une aspiration profonde qui emporte un être vers ce qui l'attire.
- Comme un souhait qui désigne en général, le sentiment par lequel nous aspirons à quelque chose, un sentiment voisin de l'espérance.

- Une espèce d'inquiétude dans l'âme, que l'on ressent par l'absence d'une chose qui donnerait du plaisir si elle était présente.

- Ce qui soutient l'action d'où dépend le plaisir présent et enfin l'envie de continuer malgré la crainte d'en être privé.

- Le souhait de réaliser, de posséder et de jouir.

- Semblable à un commencement infiniment petit, un rien qui peut envahir tout, y compris provoquer le plus grand désastre.

En nous appuyant sur ces définitions, nous constatons que le désir est très profond pour la vie humaine. Il influence la pensée de l'homme avec grand pourcentage. C'est lui qui amène l'humain à aimer et à se donner profondément à ce qui l'attire. Il influence à réussir ou à échouer. Toute la pensée de l'homme est envahie par lui. L'homme fait et agit pour satisfaire son désir. Rien ne sera fait par l'homme et qui sera à l'encontre de son désir, s'il le fait avec conscience.

Pour que l'homme se sente libre et à son aise, il doit vouloir que ses désirs soient accomplis. C'est pourquoi nous pensons que celui qui cherche à gagner la vie éternelle doit avoir ce désir qui doit être ardent au fond du cœur pour qu'il influence toute sa pensée. Le désir provoque le progrès ou le désastre selon ce que l'on désire et la manière dont l'on utilise ses aptitudes (physiques, mentales, intellectuelles et spirituelles). Les autres désirs amènent à l'intérêt personnel tandis que celui de la vie éternelle amène à l'intérêt communautaire et à l'amour de Dieu.

Dans la vie de l'homme, le désir nait, grandit et meurt ou peut mourir. Comme nous allons le développer ultérieurement, l'homme à la naissance a peu des désirs, en grandissant, il crée des désirs liés à ce qu'il voit et entend dans sa société. C'est-à-dire, on ne désire que ce qu'on connait. Celui qui est né et qui vit dans un milieu où le vin n'existe pas, n'en aura pas besoin. De même celui qui ne connait pas la vie éternelle ou n'a jamais entendu parler de cette vie n'en aura pas besoin; voir celui qui a entendu et qui ne croit pas à son existence n'en aura pas non plus besoin surtout si ses devanciers n'ont pas eu ces désirs. Ceci risque de ne pas le motiver à posséder ce désir.

C'est pourquoi, au niveau de la matière liée à la socialisation, nous avons signalé de se socialiser avec une société qui s'intéresse à la parole, dès la lecture de ces écrits.

Toute réussite commence par la pensée qui est un fait puissant. Cette dernière ne se concrétisera et ne se transformera à son équivalent spirituel ou physique que lorsqu' elle est accompagnée d'un but bien défini, d'une persévérance et d'un désir ardant.

Comprenons que le but des enfants de Dieu est de faire la volonté de leur père et de vivre éternellement. Malgré les difficultés, la persévérance est obligée. La persévérance doit être dans l'amour, la vérité et la foi. Tant que le but est de gagner la vie éternelle, votre premier désir doit être la vie éternelle. Le sentiment de ce qu'on désire plus doit être plus profond et tous les autres sentiments doivent dépendre de ce premier.

Si notre vie est saturée du désir de la vie éternelle, nous devons penser en enfant de Dieu. Cela éliminera le doute de gagner, car quel est cet enfant qui ne s'attend pas à l'aide de son père biologique? Au contraire, il espère que son père fera tout, même s'il n'a rien et l'aime toujours, même quand il n'a jamais reçu de son père ce qu'il attend. L'enfant de Dieu est celui qui est dissocié des pensées habituées à la crainte de la pauvreté, de la misère, de l'échec et de la défaite. Ceci sera développé plus tard.

Restons dans le désir ardent pour voir son pouvoir selon le livre: « Pensée et devenez riche de Napoléon Hill ».

Nous avons le pouvoir d'hypnotiser nos pensées par le désir ardent de la vie éternelle.

L'atmosphère dans laquelle cette petite terre flotte, dans laquelle nous nous déplaçons est une forme d'énergie qui se déplace à un taux de vibration inconcevablement élevé et qui est remplie de forme de puissance universelle qui s'adapte à nos pensées dominantes ; elle nous influence afin de transmuter nos pensées vers leur équivalent. Cette puissance ne connait pas la différence entre pensée destructive et pensée constructive. Elle ne le transforme tout simplement qu'à leur équivalent (richesse, pauvreté, enfer, vie éternelle,….).

Notre cerveau est hypnotisé par nos pensées dominantes et attire, comme le ferait un aimant, les forces et les circonstances qui s'accordent à sa pensée. Nous insistons qu'avant de pouvoir accumuler la richesse éternelle, nous devons hypnotiser notre esprit par le **désir intensif** de la **richesse éternelle.**

Le désir est la première étape vers la richesse éternelle ou toute autre richesse. Quand nous désirons la vie éternelle, nous ne devons pas dire : « j'essayerai de trouver une occasion au cas où je n'aurais pas ce que je désire pour Dieu ». Là, nous désirons avec doute et quand on désire avec doute, nous ne gagnerons pas.

Nous devrons nous dire que la chose que je désire dans ma vie, c'est la vie éternelle. Pour cela, coupons tous les ponts derrière nous qui nous détournent et nous dirons : « mon avenir dépend de mon aptitude à obtenir ce que je veux (c'est-à-dire la vie éternelle) ».Il sera votre seul grand vouloir qui va impacter votre vie.

Pour faciliter cette détermination, il faut définir des objectifs en les écrivant sur papier et les lire du jour au jour (le matin en se réveillant et le soir avant de dormir). La répétition de ces objectifs va influencer toute votre journée pourvu que vous ne péchiez point.

Par les objectifs à se fixer, il y a l'idée de se séparer avec les péchés, en cherchant à pratiquer les œuvres de l'esprit (galate 5:13-18) et avoir ses fruits (Galate5 : 22). Les œuvres de l'esprit sont manifestées en éliminant toutes les œuvres de la chair qui sont en vous, citées par Paul aux Galates (Galate 5 :19-21). Ce sont les avoirs matériels, les honneurs (orgueil), l'amour du sexe qui nous amènent à ces œuvres.

Pour se séparer de ces œuvres, nous devrons leur donner un carton rouge et non un carton jaune. C'est-à-dire, les refuser pour toute votre vie. Les œuvres de la chair et de l'esprit ne peuvent vivre dans un même corps. Quand nous logeons les œuvres de l'esprit en nous, nous logeons Dieu et les œuvres de la chair logent Satan. Satan de son côté est trop haineux et n'acceptera pas l'amour tandis que

Dieu est très amoureux et ne saura pas supporter la haine et les œuvres sataniques. Suite à sa haine, Satan ne veut pas qu'on le quitte. Si nous étions de lui et que nous nous séparons de lui, il cherchera à nous faire du mal en allant se renforcer contre nous. Il va tendre un piège pour que nous y tombions. Il sait que si nous sommes en connexion avec Dieu, il ne saura pas. Par-là, il laisse son piège ou son arme tendu et sa gâchette ne sera appuyée que par nous-mêmes, le jour que nous allons pécher. Car en péchant, nous nous déconnectons de Dieu automatiquement.

Voyons-le dans cet exemple ci-après : un jeune homme a juré de se séparer de Satan en abandonnant tous les péchés qui étaient attachés à son cœur, et tout autre chose qui ne plait pas à Dieu. Dès ce jour, Satan comprit et commença à le chercher. Dans le vol, dans le mensonge, dans la dissociation, dans la haine, il ne l'a pas eu. Vient un jour où il voulut se marier et trouva une très belle fiancée. Ils restèrent en fiançailles durant quelques mois. Un jour, sa fiancée le trompa en le désirant avant le mariage, oubliant son alliance avec Dieu, il accepta le propos de sa fiancée. Dès qu'il essaya de toucher la fille, il toucha aussi la gâchette du diable et tout ce que le diable a préparé pour lui avait réussi et il mourut après cinq jours. La mort pour notre frère est physique à nos yeux. Il peut y avoir la mort spirituelle car, il est déconnecté de Dieu; mais s'il a perdu sa vie éternelle, nous ne saurons pas constater, car, cela est réservé à Jésus-Christ qui jugera le monde.

Cette étape qui consiste à quitter Satan vers Dieu est appelé conversion. Elle est très difficile, il faut être patient et fort. Elle est comme le changement de la langue ou de la culture. Elle dure pour être totalement converti. Mais il peut y avoir quelques personnes qui ne durent pas pour changer de camp, donc cela dépend d'une personne à l'autre selon la grâce.

La recherche de la vie éternelle commence le jour de la recherche de la conversion et pour se convertir, il faut commencer par reconnaitre son état peccamineux, et puis avoir un cœur pauvre qui a la facilité de s'adapter à la vie selon le fruit de repentance (Matt3:8). Ceci amène à l'imitation de la perfection même de Dieu (Matt.5:48). Le désir de la vie éternelle et sa recherche pour un nouveau converti ou un chercheur de la conversion est comme celui d'un enfant qui commence ses études et en qui se trouve le désir de devenir ministre. Il doit être patient et doit avoir la foi en sa pensée. Si les difficultés le découragent, il risque de ne pas terminer ses études et rater de devenir ministre. Il doit mettre dans sa tête qu'on ne devient ministre que si on a terminé ses études. La patience va l'amener à comprendre que devenir ministre demande une expérience, ça ne viendra pas dès la fin des études. Il peut totaliser 30 ans après ses études et ne pas devenir ministre, la détermination et la foi sont nécessaires. Quelques critères seront à mettre en compte pour être nommé.

Le besoin de la richesse éternelle suit tout ce processus même si ce n'est pas nécessairement le même parcours. Etudier la parole de Dieu, connaitre Dieu, croire en son Fils, respecter ses commandements, avoir rempli ses critères vous amènera à ce que le jour du jugement dernier vous obteniez directement cette vie éternelle. Pendant ce temps, il y a beaucoup d'échecs qui ne sont que temporaires. Il ne faut pas se décourager ou avoir de doute. Quels que soient les dires de votre environnement, soyez ferme. Il ne faut pas avoir peur de Satan sachant que celui qui te dirige est plus fort que lui. Si vous voulez réussir et ne pas tomber, tout ce que vous ferez doit plus faire l'étude de votre propre cœur. Car si vous tombez, Satan va récupérer votre cœur et à ce moment, il va se multiplier et vous deviendrez pire que vous l'êtes. Même si sur le plan matériel vous devenez riche. C'est surtout ce qui est matériel qui fait tomber et Satan le sait bien. C'est pourquoi il se base sur les miracles et non l'amour.

Si ce que vous désirez faire ou avoir est juste, honnête et que vous y croyez, allez-y et faites-le, qu'importe ce que les autres diront si vous rencontrez une défaite temporaire. Celui-ci est le préalable pour devenir riche dans tout domaine. Ceux qui critiquent ne savent pas que ***tout échec porte le germe du succès.*** Pour cette précédente affirmation, nous savons que la recherche de la vie éternelle est toujours juste et honnête. Ce désir provoque encore un autre désir, celui d'amour ou de ne faire que le bien. En faisant le bien qui est le fruit de l'amour, vous vous familiarisez avec Le Plus Haut.

Nous savons que l'enfant qui grandit dans un environnement sans amour, devient adulte avec beaucoup de haine. Mais vous, allez-y d'abord malgré le fait que cette difficulté de changement de camp n'est pas aussi simple. Quoique nous grandissons dans un environnement où on ne nous aime pas, mais nous on ne s'en offusque pas, sinon, nous allons rejoindre leur camp. Le désir de la vie éternelle doit vous amener dans une assemblée ou église où la parole de Dieu est prêchée. Elle va vous apprendre à devenir enfant de Dieu. Saint Cyprien a dit : « Nul ne peut avoir Dieu pour Père qui n'a pas l'Eglise pour Mère ». C'est dans l'Eglise où sortent les Saints. Tel que Paul en étant reproché par le Seigneur, il lui envoya d'aller là où se trouvaient ceux qui ont cru avant lui et il a continué à appeler les autres partout où il se rendait pour rejoindre l'Eglise.

2. ECOUTER LA PAROLE DE DIEU.

L'écoute de la parole de Dieu doit se faire au niveau du cœur. Pour garder la parole et les commandements, il faut d'abord les connaître, une connaissance liée à l'état du cœur. Le Roi Salomon a demandé : « un cœur qui écoute (1 Rois 3:9)». La parole qui pénètre jusqu'au cœur, y opère et y forme des affections en Christ. C'est pourquoi Paul a dit: « pour entrer dans la connaissance de ce que Dieu veut nous révéler, il est nécessaire que les yeux de notre cœur soient éclairés (Ephésiens 1: 18). Car c'est du dedans, c'est du cœur des hommes que sortent les mauvaises pensées, les adultères, les impudicités, les meurtres, les vols, les cupidités, les méchancetés, la fraude, les dérèglements, les regards envieux, la calomnie, l'orgueil, la folie. Toutes ces choses mauvaises sortent du dedans et souillent l'homme (Marc 7 :21-23). La parole de Dieu est Jésus lui-même (Isaïe 2:3 ; jean1:1-10 ; hébreux1:2; 1Jean1:1-2). L'origine de cette parole remonte aux temps anciens et aux jours de l'éternité (Miché 5:1). Si vous vous donnez à lire la parole et à l'écouter, c'est une façon d'être enseigné par Dieu.

En effet, Dieu ne viendra plus en personne pour enseigner si ce n'est que sa parole écrite par les prophètes et les évangélistes. Pour l'apprendre, il est nécessaire de la lire en étant guidé par les anciens (anciens dans le sens de ceux qui l'ont appris avant vous et qui la connaissent et non anciens par l'âge). Pour apprendre de quelqu'un la parole, il faut s'assurer que celui qui vous enseigne la connait et n'ajoute rien qui est contraire au contenu laissé par les prophètes. Par exemple en 1878, Barbour, un associé de Russell qui a créé l'église Témoins de Jéhovah modifia la parole en écrivant que la mort du Christ n'a pas de valeur substitutive pour nier la doctrine du rachat des péchés. Voilà un tel contenu qui détourne du christianisme. Une imagination d'homme écrite brusquement pour être utilisé dans l'église. Soyez souple devant beaucoup d'écrits qui limitent et diminuent Jésus.

La lecture de la parole de Dieu doit se faire du jour au jour. D'ailleurs elle doit être privilégiée avant toute chose dans la journée. Lire même deux versets chaque matin pour avoir le goût de la lecture. La lecture et l'écoute de la parole divine va nous amener à connaitre Dieu et ses règles, à faire plus le bien ou à ne faire que le bien, à se connaitre et la parole doit vous édifier.

Comprenons que la connaissance donne des ailes, pour l’avoir, il faut lire et écouter.

3. CROIRE EN JÉSUS-CHRIST (l'accepter comme Sauveur et Seigneur)

Tout ce que nous allons dire sur la foi entre aussi dans cette étape de la croyance en Jésus. Car personne ne peut croire en Dieu s'il ne croit pas en Jésus-Christ.

Sans croire en Jésus-Christ, il sera inutile de se considérer enfant de Dieu. Car personne ne va vers le Père, sans passer par Jésus. Aller vers le Père, ce n'est pas seulement après la mort, mais aussi pendant nos prières, nos adorations, nos cultes, pendant que nous prouvons notre foi, car Jésus est le consomma-teur de la foi des hommes, le Chef de l'Eglise (Hébreux 12 :2), etc. Pour parler à Dieu, il faut que votre parole passe par Jésus. Si vous passez par une autre voie, vous n'y arriverez pas.

Voici une longue exposition de Jésus-Christ qui prouve que si l'homme existe, c'est par lui et pour être attaché à Dieu, il faut passer par lui. Comme l'homme est venu à l'existence par lui, c'est par lui qu'il aura la vie et qu'il est pardonné.

Voici précisément comment Jésus nous identifie à lui et à son Père dans Jean 15 de 1 à 8 :

1. « je suis le vrai cep et mon Père est le vigneron ». Dans une plante de la vigne, après la branche, il existe une partie qui soutient la tige grimpante de la vigne appelée sarment. La vigne est attachée ou soutenue par le sarment et ce dernier soutenu par un cep. Le sarment ne sera bon que s'il est soutenu par un cep. La nourriture qui fait que le sarment puisse produire des fruits, passe par le cep. Alors, pour qu'un enfant de Dieu puisse bien grandir et avoir une bonne santé physique et spirituelle, il doit être soutenu par Jésus. Dieu (vigneron) met des engrais pour que la plante puisse produire. Mais le sarment ne profitera de ces engrais que s'il est attaché au cep. Aucun sarment ne peut exister et continuer de produire s'il n'est pas attaché, et ce qui n'est pas attaché est mort et tombera sur terre. Quand un sarment tombe, c'est pour sécher et non produire.

2. Si toi sarment qui est en Jésus tu ne produis pas de fruits, tu seras retranché. Tandis que celui qui produit des fruits,

Dieu (vigneron) l'émonde, afin qu'il porte encore plus des fruits.

Ici, c'est le même cas que les talents laissés par le maitre à ses serviteurs. Le serviteur fidèle aura d'ajout mais celui qui n'est pas fidèle, on lui retranche même ce qu'il a (Matt.25 :14-30). On t'ajoute d'entretien en te débarrassant des branches mortes et des parasites végétaux ce qu'on appelle émondage par l'émondeur qui est Dieu. Tu ne seras émondable que si tu produis déjà des fruits. Si tu ne produis rien, tu sécheras d'ailleurs avant qu'on te retranche. Car le cep ne continuera plus à te nourrir tant que tu ne vaux rien.

3. Déjà vous êtes purs, à cause de la parole que je vous ai annoncée. Ce qui nous a rendu pur c'est la parole que nous étudions. Nous avons beaucoup d'enseignements sur la parole de Dieu et c'est ce qui nous purifie. Elle nous édifie en nous inculquant la conduite durant notre vie sur terre.

4. Les versets 4, 5, et 6, parle de la même chose : demeurez en moi et moi, je demeurerai en vous dit le Christ. Comme le sarment ne peut de lui-même porter de fruit, s'il ne demeure attaché au cep, ainsi vous ne le pouvez non plus.

5. Si vous demeurer en moi et que mes paroles demeurent en vous, demandez ce que vous voudrez, et cela vous sera accordé. Pour ce verset 7, le christ veut nous faire voire que demeurer en lui c'est respecter ses commandements. Et tous ses commandements sont résumés par l'amour. Si nous avons l'amour au fond de notre cœur, nous le manifesterons et il sera le fruit que nous allons produire. Si cette parole demeure en nous c'est alors que nous aurons la facilité de recevoir de Dieu tous ce dont nous avons besoin. Ne sera exaucé que celui qui a la parole et en qui la parole produit des effets.

6. Si vous portez beaucoup de fruits, c'est ainsi que mon Père sera glorifié, et que vous serez mes disciples. Voilà ce qui prouve que tout ce que le sarment pro-

duit c'est pour le vigneron. Tant que Jésus le cep est nourri par les engrais du vigneron, tout ce qu'il fait c'est pour le vigneron (Dieu), nous les sarments, nos fruits seront à l'avantage du vigneron. Ça la rend heureux et la glorifie. Pour être disciple de Jésus, il faut continuer à faire le travail de Dieu que Jésus faisait et fait.

Pourquoi croire en Jésus-Christ :

¨ Pour être sauvé car, lui-même le Père céleste l'a recommandé dans Jean 3, 16-19.

¨ Parce que croire en lui, c'est croire à la parole de Dieu et en Dieu.

¨ Parce qu'il est Dieu véritable qui s'est manifesté en chair (1 Jean 5: 20-21).

¨ Parce que si nous ne croyons pas en Jésus, nous ne croyons pas non plus en sa parole et en toute la Bible.

¨ Parce que c'est lui le chemin qui nous conduit vers Dieu le Père

¨Parce que c'est sa croyance qui nous donne la vie éternelle (Jean6:40, 47).

¨ Par ce que la vie éternelle est en son nom (Jean 20:31)

Que signifie croire en Jésus-Christ?

La croyance en Jésus pour notre temps prend plusieurs aspects. Il y en a qui croient à son existence et il y en a qui approfondissent leur croyance, en croyant à sa divinité et mettent en pratique la vie de Jésus-Christ.

Ceux qui se limitent à l'existence sont ceux-là qui ne s'intéressent pas à Jésus, ne le comprennent pas et interprètent sa parole avec une intelligence Humaine. Ceux-ci sont connus par leur socialisation et leur amour envers ceux qui ne sont pas de leur doctrine. Ils contredisent quelques paroles de Jésus et l'appellent Prophète. Tel que Jésus dit: « personne ne connait le jour et la date de la fin de ce monde à part le Père qui est dans les Cieux. Malgré cette affirmation de Jésus, beaucoup veulent surpasser Jésus en donnant des dates de la fin du monde que Jésus n'a pas données. Lui, qui a participé à la création (Jean 1:1-10) et qui a le pouvoir de juger et, lui seul viendra juger, pardonner et donner la vie éternelle.

Ceux-ci croient en son existence mais ne lui donnent pas la valeur promise par Dieu dans Isaïe 9:5. Ce verset recommande ce que devraient être devant les hommes, son appellation et sa place. Quand Dieu dit on l'appellera « Dieu Puissant », cela veut dire que quand il naîtra, cette appellation devra être utilisée, durant toute sa vie et après sa mort. Celui qui ne l'appelle pas ainsi, est contre la Parole de Dieu. S'ils ont raison de ne pas l'appeler ainsi, alors Dieu a dit ce qui n'est pas juste, or, Dieu ne trompe pas! Cette appellation doit être utilisée pour honorer Dieu le Père qui l'a donné et le Fils qui la mérite. Dieu en nommant l'enfant Dieu Puissant, il le fait égal à Lui-même car, il n'y a pas deux Dieu Puissant. Cette égalité est prouvée aussi dans deux versets: l'un de l'ancien testament et l'autre du nouveau testament. Ces versets reprennent les paroles du Père et de Jésus. Dans l'ancien testament Dieu s'appelle Bon berger et promet de venir faire paitre ses brebis (Isaïe 40:11; EZ. 34:1-19). Et dans le nouveau testament Jésus reprend les mêmes paroles et dit: je suis le bon berger (Jean 10:1-16). D'ailleurs, dans le verset 16, il précise qu'il y aura un seul troupeau et un seul berger. Si vous le considérez prophète, quelle différence il y a t-il entre le Berger de l'ancien testament et celui de nouveau testament? Les paroles de Dieu de l'ancien testament sont-ils accomplies? Le berger que Dieu s'est appelé, viendra-t-il ou il est déjà venu? S'il n'est pas encore venu, quand viendra-t-il? Car à la fin c'est Jésus qui viendra pour juger.

La voix de Jean était entendue pour préparer le chemin de l'Eternel (Esaïe 40 :3; Jean 1 : 23). Donc, nous sommes censé de considérer la Déité de Jésus. Car en sa naissance c'est l'Eternel lui-même qui est venu.

Nous devrons savoir que le mot Dieu est une nature. Le Fils est Dieu comme le Père, le Fils est Eternel comme le Père. C'est comme l'homme a l'âme, l'esprit et le corps. Mon corps c'est moi, mon âme c'est moi, et mon esprit c'est moi. Dieu est Père, Fils et Saint Esprit.

LA DIVINITE DE JESUS

Beaucoup de questions se posent sur ce problème. Les uns disent : Jésus est Dieu, les autres disent qu'il est simplement prophète, quelques-uns disent qu'il est l'archange Michael. Pour bien détailler Jésus, j'aimerais commencer par l'ancien Testament, voir les prédictions de la naissance, qui, il était avant la naissance. Le premier verset annonçant la naissance de Jésus est Isaïe 2 :3 qui stipule que la parole naitra de Jérusalem. Cette parole c'est celle de Dieu. Le deuxième est Isaïe 7 :14 : il naitra d'une femme et on donne son nom (Emmanuel). Le troisième est Isaïe 9 :5 : il est ici, enfant né et Fils donné (Jésus enfant né de marie et Fils de Dieu donné au monde). Le 4ème verset est Michée 5 :1 : Jésus est dominateur d'Israël (peuple de Dieu) et il remonte de l'éternité. ici on révèle ce qu'il est, par où il a commencé.

Etudions ces 4 versets en détail :

Esaïe 2 :3 b : car de Sion sortira la loi, et de Jérusalem la parole de l'éternel.

Malgré né à Bethléem, son travail s'est effectuée à Jérusalem et ses villages environnants. La parole dont on parle ici, c'est Jésus lui-même. Ce qui veut dire que Jésus est la parole de l'Eternel. Dieu parle par Jésus. Jésus est la voix qui sort de Dieu. Preuve : Jean 1 :1-3.

Dieu a créé le monde par sa parole. Et cette parole c'est Jésus (Hébreux 1 :2 ; Psaume 33 :6 ; Hébreux 11 :3). Dans jean 1, Jésus est la parole. C'est cette parole qui sortait de Dieu pour créer. Dieu n'a pas deux paroles. Si on le prenait comme un être humain, la voix qui sortirait de sa bouche serait Jésus. C'est pourquoi dans Genèse 1 et 2, quand Dieu créait, on ne mettait pas Jésus mais jean le révèle qu'il était là. Et que tout a été créé par lui. Si vous vous concentrez à lire Genèse 1 et 2, vous verrez que Dieu ne faisait que parler. La bible commence par une phrase qui résume toute la création. « Au commencement, Dieu créa les cieux et la terre ». Si nous la comparons à jean 1 :1, on pourra ajouter « et tout ce qui y vivent ou y est ». Car en dehors de la terre et les cieux, il n'y a pas autre part où il y a d'existence. Je parle de la synthèse de ce qui s'est passé car pour les cieux, on n'a pas donné le détail de la création. Même pour la terre ou le détail est donné, ce n'est pas le tout. Il y a trop de résumés.

Essayez de faire des exercices en énumérant tout ce qui existe dans les cieux, vous verrez que même le trône où se met Dieu a été créé par la parole (Jésus) ; voir aussi tous les anges, et archanges (Lucifer (Satan) aussi) Colossiens 1:16-17. Là le prétexte nommant Jésus ange Michael est éliminé. Car, il faut d'abord les cieux où doivent habiter les anges et les archanges, et puis leur propre création.

Comme Dieu est omniprésent, sa parole l'est aussi. Car Dieu parle toujours aux hommes par sa parole, de n'importe quelle manière qu'il se présente (exemple : apparu comme feu à Moïse et ce feu parlait).

C'est pourquoi le verset 1 de jean 1 dit qu'au commencement était la parole. Car Dieu révélant aux hommes comment il a créé, il n'a pas révélé comment il est. La morphologie de Dieu n'est pas connue. Entant qu'esprit, c'est sa parole qui se fait entendre seulement.

Pouvons-nous poser des questions sur la physiologie de la parole à la création ? Si on se pose cette question, nous voulons normalement voir pour quoi le premier verset de jean 1 suscite des débats.

En grec, jean 1 :1 : « au commencement était la parole, la parole était avec Dieu et la parole était Dieu »

Louis Second l'a traduit comme suite: « au commencement était la parole, la parole était avec Dieu et la parole était Dieu ». Mais ceux qui refusent la Divinité de Jésus veulent le traduire autrement pour nier sa divinité. Prenons plus l'exemple de la traduction du monde nouveau de témoins de Jéhovah. Ils l'ont traduit ainsi à partir de 1991: « au commencement la parole était, et la parole était avec Dieu et la parole était un dieu ».

Les deux versions acceptent que cette parole était au commencement. Mais la différence est au niveau de la valeur qu'on attribut à la parole. Il y a 2 différences: « premièrement : «...était la parole et la parole était » et deuxièmement : « la parole était Dieu et la parole était un dieu ».

« ...était la parole » veut dire qu'il n'y avait pas deux créateurs au début. Dieu ne se manifestait que par cette parole. Dieu est le tout, la parole est sa partie créatrice. Si Dieu avait un corps physique comme celui de l'homme, sa parole invisible qui ne sortirait de sa bouche que lors qu'il parle, serait Jésus. C'est pourquoi les chrétiens ne veulent pas séparer in extenso Dieu et sa parole (Jésus), c'est pourquoi dans la conclusion du verset on a dit que la parole était Dieu.

C'est difficile à expliquer avec les langages humains. C'est pourquoi l'homme n'ayant pas des vrais mots à employer pour parler de Dieu, il utilise les langages des humains qui font penser que Dieu a un corps comme l'homme

De l'autre coté, « la parole était » veut dire tout simplement que la parole est un être à part qui était présent. Mais avec l'analyse française, la phrase n'a pas de sens.

La deuxième différence est « la parole était Dieu et la parole était un dieu ». Ici, Louis Second confirme que cette parole est Dieu. C'est pour dire qu'il n'y avait pas deux êtres au commencement ou il n'y avait pas deux Créateurs. Mais l'autre traduction affirme qu'il y avait Dieu et un dieu. C'est pour dire qu'il y a deux Créateurs. Car le verset parle du **commencement** de la création bien entendu. Je doute beaucoup personnellement de cette traduction, car leur édition de 1987 a une explication semblable à celle de Louis Second.

À l'exception de la révélation que la parole naitra, Esaïe 7:14 révèle aussi que cette parole aura un nom. Ce nom c'est **Emanuel** qui signifie « Dieu parmi nous ». Cette vérité est affirmée par la dernière phrase de Jean 1:1 qui dit que la Parole était Dieu. Voir aussi Colossiens 1:15 a et Colossiens 2:9: qui explique qu'en Jésus est l'image de Dieu et en lui habite corporellement la plénitude de la divinité.

Si parmi nous, nous voulons avoir Dieu, ayons Jésus. En ayant Jésus, Dieu est avec nous. Celui qui a Jésus a Dieu. Sans Jésus, on aura pas Dieu car personne ne va au père sans passer par Jésus et personne ne vient à Jésus sans père.

Entant qu'Emanuel, toute chose subsiste en lui. C'est pour dire, si nous continuons à vivre et nous demeurons en force et en vigueur, c'est par Jésus. Sans lui, nous serons mort quoique vivant. Et peut être sans la grâce obtenue par sa mort, Dieu aller tuer le monde.

Cette parole parmi nous, est le dominateur de tous les enfants d'Israël. C'est pour dire, dominateur de tous les enfants de Dieu car Israël représente la famille de Dieu. Cette vérité prédite dans Michée 5:1 et s'est manifestée en Jean 1:49-50 et 12: 13.

Le même verset de Michée révèle que cette parole remonte de l'éternité. Rien ne remonte de l'éternité sans être éternel. C'est pourquoi Jean le baptiste est venu préparer la voie de l'Eternel car celui qui est né après lui était Eternel (Isaïe 40 :3; Jean 1 : 23).

Jean 1:1 l'explique que cette parole était avant la création. Avant toute création est le temps d'éternité qui n'est pas explicable. Or qu'avant la création, c'est Dieu seul qui existait. Si la parole existait avant la création, ce qu'elle était Dieu ou était en Dieu.

Isaïe 9:5 affirme que cette parole est Dieu Puissant. Entant que Dieu puissant, tout est facile en lui et en son nom. C'est pourquoi son nom Jésus signifie Dieu (Eternel) sauve.

Si tu veux être sauver, crois en Jésus comme ton sauveur.

Vu tout ce que nous venons de décrire ci-haut, si tu n'es pas de ceux-ci, il faut que tu sois Chrétien qui ne met pas en cause les paroles de Dieu. Nous venons de vous avertir sur ceux-ci, car pour être sauvé et gagner la vie Eternelle, tu dois croire à la Déité de Jésus-Christ et mettre en tête que toutes les promesses de Dieu étaient accomplies en Jésus.

Pourquoi croire que toutes ces promesses étaient accomplies? Car Jésus-Christ s'est appelé l'accomplissement de la parole (ancien testament). Il faut voir et comprendre les paroles de Jésus en s'appelant Bon berger et porte de la bergerie à la fois (Jean 10:7 et 9). La vie est donnée par Jésus à ses brebis, tel qu'il le dit dans Jean 10:10, « Je suis venu afin que les brebis aient la vie et qu'elles l'aient en abondance». Nous devrons comprendre que Jésus utilisait « Je suis » ce qui énervait les juifs car il n'y a qu'un seul qui peut dire « Je suis ». Voir même sa phrase: « vous verrez le Fils de l'homme dans les nuées », a le même sens car, selon les juifs, personne ne peut être dans les nuées si ce n'est que Dieu seul.

Voyons qu'il n'y a pas deux commencements. Si au commencement Dieu a créé Jésus, cela devrait être mentionné. Car à propos du commencement dont il est question Jésus était déjà et a participé à la création. Ou alors Genèse nous trompe? Cette Genèse qui commence par un commencement qui n'est pas commencement? Si c'est ainsi nous disons que le début de la création n'est pas mentionné dans la Bible? Alors le premier verset doit être effacé surtout en supprimant le mot commencement. Et ne disons plus que la Genèse est le début de la création en changeant ce mot Genèse car elle signifie début (de la création surtout). La même action doit être appliquée aux 10 premiers versets de Jean 1, car si nous ajoutons les mots « autres » au verset 3 pour dire « autres choses » qui ne sont pas dans la bible en langues d'origine, nous devrions commencer par effacer le mot commencement du premier verset.

Dieu a dit dans Isaïe 42:8 qu'il est Eternel et il ne donnera pas sa gloire à un autre, mais combien de fois la bible reprend que toute la gloire de Dieu repose sur Jésus. toute la plénitude de la Déité se repose sur lui (Colossiens 2:9).

Jésus est Dieu en parole et en chaire. Toutes les fois qu'on entendu la voix de Dieu, c'est Jésus. C'est lui qui est venu sur terre. Quand on a écrit, « au commencement Dieu créa les cieux et la terre », le mot Dieu ici représente tous (Père, Fils et Saint Esprit). Mystère n'est facile à comprendre.

La vie éternelle dont est question dans cet article, prend en compte tout ceci pour la gagner. on Comprend que nous avons utilisé le verbe gagner, car changer d'avis est un combat contre soi-même (ses péchés) et contre les autres (les esprits sataniques). Ce combat commence par cette théorie pour aboutir à l'application ou pratique. Personne ne gagnera la vie éternelle tant qu'elle ne considère pas ces théories, car la vie éternelle est conditionnée par la croyance en Jésus.

Si vous considérez Jésus comme votre sauveur, vous ferez tout ce qu'il nous recommande, car il est dit: « Jésus est la lumière » (Jean 1:4) crois-tu à cette vérité? Si tu crois pourquoi as-tu choisi le mal? Car quiconque fait le mal hait la lumière, et ne vient point à la lumière, de peur que ses œuvres ne soient dévoilées (Jean3:20). Mais les ténèbres n'empêchent pas Dieu de voir ce qui y est. C'est seulement l'homme de ténèbres qui ne voit pas. Car Dieu voit la conduite de tout un chacun. Il a les regards sur les pas de chaque homme. Il n'y a ni ténèbres, ni ombre de la mort où puissent se cacher ceux qui commettent l'iniquité (Job 34 :21-22).

Si nous pouvons prendre ou emprunter l'idée de Christian Bosembe qui a demandé notre avis pour savoir si c'est possible dans notre vie de chaque jour, si ce qui est caché et ce qui est vu par les autres étaient enregistré et on en fait un film, est-ce que serons-nous d'accord qu'il soit projeté à la présence de nos parents, nos époux (ses), nos enfants, nos amis? Si nous ne sommes pas d'accord, que craignons-nous? Ne savons-nous pas que ce que nous craignons que les autres sachent de nous, c'est ce que Dieu voit et enregistre chaque jour? Demandons-nous si à la minute où nous sommes Jésus revenait pour juger où irons-nous?

Admettons que la venue de Jésus dépendait de notre avis, voudrions-nous dire à Jésus de venir à l'instant même? Si non pourquoi? Sachons que le couronne de la gloire sera donné à ceux qui aiment l'avènement du Seigneur Jésus-Christ (2Timothé 4:8). Un étudiant qui a bien préparé son cours et qui l'a compris aura t-il peur de l'interrogation brusquée? Sachons que la venue de Jésus sera plus que l'interrogation brusquée, car les étudiants savent que nous aurons tel cours même si le professeur n'a pas annoncé un étudiant averti peut jeter un coup d'œil pour voir ce que le professeur a enseigné pour qu'il sache ce qu'il va enseigner selon le plan du cours.

Sa venue pour le jugement ne sera pas comme sa première fois qu'il est venu pour éclairer le monde. Là Jean a précédé pour rendre la route propre qui est le cœur de l'homme. Il ne l'a jamais dit qu'il y aura des prophéties comme jean l'a fait. Et si c'est vrai combien sont déjà données? A ce que je sache, beaucoup d'années ont fait l'objet de ceci mais rien n'est arrivé. Telles que : 1878, 1914, 1925, 1948, 1975 et 2000. Surtout les deux dernières années, beaucoup ont tremblé et on se disait que c'est vrai car c'est tel qui l'a dit. Il y en a beaucoup d'autres de différentes confessions religieuses que nous ignorons. Ce sont des calculs d'hommes, à la manière d'hommes et avec l'intelligence de l'homme qui est limitée. La prophétie de Dieu ou dictée par Dieu ne peut faire l'objet de l'échec. Comment dirons-nous que nous croyons à la parole de Jésus, si nous disons le contraire à ce qu'il nous a dit ? Ce que Jésus nous a trompé en disant : personne ne connait le jour ? Car en proposant une date, là la venue de Jésus n'est plus brusque et effaçons tout verset qui en parle et qui dit de se préparer du jour au jour car il viendra comme un voleur c'est-à-dire sans annoncer. Cette évangélisation est dans la vérité ou dans le mensonge ? Si Jésus est venu régner sur les affaires terrestres en 1914, le monde serait ainsi ? Car depuis que cette année est passée ça fait 106 ans.

Jésus est le consommateur de la foi des hommes, le Chef de l'Eglise (Hébreux 12 :2). Jésus est le verbe du père, le reflet resplendissant de la gloire du Père, expression parfaite de sa substance (Hébreux 1 :3). Et pour moi, Jésus est une partie de Dieu que l'homme est censé d'utiliser comme escalier entre les cieux et la terre, c'est ce qui fait qu'il soit chemin de tout.

4. AVOIR LA FOI EN DIEU.

Si nous prenons la définition de la foi, elle va nous amener à la croyance et la confiance et/ou espérance). D'où la foi pour les chrétiens, c'est la croyance et la confiance en Dieu. La confiance est une conséquence de la croyance. Donc, nous commençons par croire que Dieu **Est** (Hébreux 11 :6). Dans cet EST, nous voyons Père Tout Puissant (Dieu Est le père Tout Puissant) ; Dieu Est le Créateur de tout ce qui existe ; Dieu Est sans fin ni commencement ; et qu'Il Est Amour et Vérité.

Quand nous croyons ainsi, nous allons adhérer en Dieu. En s'adhérant, on devient confiant en Dieu. Car sans confiance, on ne peut jamais adhérer (Isaïe 30 :15). Cette confiance prend l'angle de la capacité que Dieu a pour tout réaliser. Dieu a la capacité de tout faire et une capacité qui n'est pas mesurable (Luc 1 :37). Et on doit se dire que Dieu peut tout pour moi. Le PEUT ne signifie plus capacité mais la volonté. Si nous croyons qu'Il est tout Puissant, nous n'aurons plus peur de Satan, car Satan est puissant mais non tout puissant (il a une portion de puissance). Si nous croyons et nous avons la confiance en Lui, nous aurons l'assurance de tout recevoir (Hébreux 11 :1).

Quand nous croyons, nous dirons, ferons, agirons etc. avec conviction, sans honte ni peur, à part avec crainte de Dieu. Lisez ça dans les versets suivants : prov.29 :25 ; psaumes119 :46 ; Isaïe 40 :9 ; 50 :4 Jer. 1 :7 ; Ezec. 3 :9 ; Matt.5 :14-16 ; Marc 8 38 ; Actes 1 :8 ; 4 :13 ; 5 :29 ; Rom. 1 :16 ; Eph. 6 :19-20 ; 2Tim. 1 ;8 ; Tite 2 :15.

Vous n'aurez pas de foi si vous n'avez rien écouté de la parole de Dieu, car la foi vient de ce qu'on entend et ce qu'on entend vient de la parole du Christ (Rom 10 :17).

La confiance en Dieu réalise tout. La confiance en Dieu vient de la connaissance de son être. Connaitre Dieu est la première étape vers la foi. Connaitre Dieu c'est savoir ce qu'Il Est et ce qu'Il a et ce qu'Il veut.

Dans ce qu'Il Est : il y a Eternel, Amour, Créateur, Insondable, omniprésent, omnipotent, et omniscient, Seigneur de seigneurs, etc. ces connaissances amènent à une grande confiance, car, celui qui a ces attributions est capable de tout, est au dessus de tout et sécurise tout.

Dans ce qu'Il a, nous avons la puissance, toutes les solutions, toute la connaissance sur l'existence, etc.

Toute cette Connaissance nous fortifie et donne confiance. Et on se dit de qui aurais je peur si celui qui a toutes les puissances, celui qui connais tout, qui aime tout le monde est en moi? Dieu qui a tout, qui connait tout en qui tout ce qui existe tire l'origine est capable de tout car sa capacité est insondable.

Mais il y a une connaissance très utile pour la foi, c'est ce que Dieu veut. La volonté de Dieu est très primordiale dans notre foi. Si ce que nous cherchons à avoir, si la volonté de Dieu n'est pas là, ça ne s'accomplira pas.

Parfois nous avons des désirs qui ne plaisent pas à Dieu et nous nous attendons à une réalisation. Avant de demander quelque chose, nous devrons d'abord commencer par chercher sa volonté. Celui qui métrise bien les règles de Dieu connait une partie de la volonté de Dieu (quoi peut on demander). Par exemple une personne qui fait une prière à Dieu en demandant une force pour tuer quelqu'un qui lui cause du tort.

Nous devrons savoir si notre désire plait à Dieu. Ou dans notre demande s'il y a un avantage pour Dieu.

Nous les humains, nous avons parfois des désirs et nous imaginons une solution et nous demandons à Dieu d'accomplir. Là nous prenons Dieu comme notre esclave qui ne fera qu'accomplir ce que nous lui disons.

Devant nos problèmes, demandons à Dieu d'abord pourquoi ce que nous traversons et que faire?

Moi-même, j'ai commis cette erreur à plusieurs reprises. Il y a une crise que je viens de traverser, j'ai demandé à Dieu de m'aider à gagner le jeux d'hasard pour me procurer un peu d'argent mais jusqu'à présent pas de solution et je me suis dit: Dieu m'a abandonné. Or que gagner l'argent par cette voie n'est pas la volonté de Dieu, c'est de l'hasard. Dieu qui nous a doté d'intelligence, de sagesse et d'une force physique ne peut jamais facilité cette paraisse.

La volonté de Dieu va parfois au-delà des règles et des pensées humaines. tel que dans l'ancien temps, Isaac pensait que c'est à l'ainé à qui revenait la bénédiction car leur coutume était ainsi. Or que ce n'est pas la volonté de Dieu.

Si nous voulons demander à Dieu, exposons lui notre cas mais ne proposons pas de solution. Sinon c'est notre volonté que nous voulons que Dieu accomplisse. Ou disons ce dont nous avons besoin et Dieu le donnera de sa manière. Disons par exemple : Dieu, je manque une voiture et je préfère telle marque, je cherche ce que ça coute. Et non: Dieu je veut que mon grand frère m'achète une voiture. Et parfois nous donnons la date limite. Dieu n'est pas dans notre notion de temps. C'est lui qui connait le vrai temps.

Un enfant a fait une prière d'étudier dans une bonne école et qu'il ait la possibilité de terminer ses études jusqu'à l'université. Dieu l'a écouté et a béni son père qui a eu une promotion et l'enfant a terminé toutes ses études sans difficulté financière. Dieu sait comment donner ce qu'on demande. Si Dieu répondait à la prière de cet enfant en lui donnant l'argent, l'enfant aller être troublé par cet argent et ses études aller se compliquer.

Demandons et attendons avec patience la réponse de Dieu qui connait quand et comment il peut répondre. La foi sans patience n'est pas une foi.

La vie éternelle est gagnée par celui qui désire avec foi

Quand vous cherchez Dieu avec croyance, vous serez satisfait. Celui qui désire avec foi est prêt à recevoir car sans elle, il est impossible d'être agréable à Dieu (hébreux 11:6). Vous êtes prêt si vous croyez pouvoir l'acquérir. Il faut croire et non seulement souhaiter ou espérer. Pour croire il faut avoir l'esprit ouvert et non borné. Quand vous demandez, ne doutez pas, car il est dit: « qu'il demande avec foi, sans douter, car celui qui doute est semblable au flot de la mer, agité par le vent et poussé de côté et d'autre qu'un tel homme ne s'imagine pas qu'il recevra quelque chose du Seigneur (Jacques1:6-7) ». Jésus nous l'oblige à plusieurs reprises, tel que l'exemple du mystère de déplacement de la montagne où Jésus dit: « je vous le dis en vérité, si quelqu'un dit à cette montagne: « hôte-toi de là et jette-toi dans la mer », et s'il ne **doute** point en son cœur, mais croit que ce qu'il dit arrive, il le verra s'accomplir ». En analysant cette parole, nous comprenons que le doute ne se trouve qu'au cœur et non dans les paroles. Nous pouvons crier à plusieurs reprises dans nos prières, si nous avons de doute au fond du cœur, nous n'aurons rien. Nous devrons savoir que Dieu ne regarde que l'intérieur du cœur. Disposez votre cœur à la foi. Faites partout le moyen de croire et développer votre foi. Si votre cœur a plus de la peur, de la crainte, et de doute, faites l'effort pour changer. La pensée et le cœur sont la base de tout ce qui arrive à l'homme. Quand vous craignez et doutez, vous aurez le contraire de ce que vous désirez. Ce qui va se réaliser c'est ce qui est au fond de votre cœur. Lisez job 3:25 pour bien comprendre.

La foi en vous doit être une ferme assurance des choses qu'on espère et une démonstration de celles qu'on ne voit pas (Hébreux 11:1). C'est la foi qui nous fait croire que le monde a été formé par la parole de Dieu qui est Jésus.

Ne vous limitez pas. Le désir rend possible l'impossible sur tout le plan (matériel ou spirituel). Sachez que les grands inventaires du monde sont des gens de désir, d'imagination et de croyance. C'est-à-dire pour avoir, il faut désirer puis imaginer et croire à la réalisation. Cette croyance précède le travail et la réalisation. Tel que Marconi rêva d'un système qui métriserait les forces intangibles de l'atmosphère. Chaque radio et télévision dans le monde est une preuve qu'il ne rêva pas en vain. Ses amis le firent surveiller et le contraignirent à un examen psychique quand il leur annonça qu'il avait découvert le moyen d'envoyer des messages à travers l'atmosphère, sans l'aide de fil ni d'aucun autre moyen de communication. De même dans l'esprit, si vous croyez vous pouvez réaliser des bonnes choses physiques et spirituelles.

Votre foi doit être accompagnée de l'affection. Il n'y a pas d'affection s'il y manque d'amour. Dans la vie humaine il y a 3 grandes émotions affectives plus puissantes de toutes les émotions positives. Il y a la foi, l'amour et le sexe. La foi et l'amour sont psychiques et sont liés du côté spirituel de l'homme. Le sexe est purement biologique et est lié seulement au physique. Si vous vous familiarisez avec les deux premiers, vous allez provoquer une ouverture d'une ligne directe de communication en l'esprit conscient de l'homme (votre esprit conscient) et l'intelligence infinie.

COMMENT DEVELOPPER LA FOI ?

La foi est un état d'esprit que l'on acquiert en affirmant ou en répétant des instructions au subconscient qui joue un grand rôle dans la concrétisation du désir, par le principe de l'auto suggestion.

« La seule méthode connue pour développer volontairement la foi est de répéter à son subconscient des ordres affirmatifs ».

Toute pensée positive ou négative stimulée par la foi influence le subconscient. La foi n'est pas toujours pour le bon mais aussi pour le mal. Quand la pensée est négative, elle produit les effets négatifs.

Celui qui a souvent pensé à la sorcellerie en donne une grande valeur et fini par avoir plus peur de la sorcellerie que de Dieu. Ce qui revient à dire que n'importe quelle pensée répétée à plusieurs reprises au subconscient est finalement acceptée, puis le subconscient transforme cette pensée en son équivalent physique. Considérez encore la remarque suivante : toutes **les pensées qui ont été ressenties et pétries de foi se transforment d'elles-mêmes en leur équivalents physiques.** Imaginez la parole de Jésus –Christ : « celui qui a la foi peut déplacer une montagne (Matt. 17:20; 21:21)». A cela, vous qui prétendez avoir la foi, pourquoi vous avez peur de la sorcellerie ? Ou peur de la maladie ? Vous pensez que la puissance de toute maladie à laquelle Dieu a prévenu en créant les plantes pour la guérir est difficile que la force de déplacer la montagne ? Avez-vous déjà vu un magicien déplacer une montagne ? Je vous dis que celui qui a la foi ne peut jamais craindre une autre puissance que Dieu, car il sait que tout est possible avec la foi en lui. Tout ce qui est né de Dieu remporte la victoire contre le monde, et la victoire qui triomphe du monde c'est notre foi (1 jean5 : 4).

Toute pensée positive ou négative stimulée par la foi, atteint et influence le subconscient. Vous avez compris que le subconscient transforme en son équivalent physique une pensée aussi négative que positive. De là, l'étrange phénomène dont sont victimes des millions des gens : ils pensent qu'ils n'ont pas de chance. Il faut savoir que « **votre foi est l'élément qui détermine l'action de votre subconscient ».** Beaucoup de gens croient être condamnés à la pauvreté, à l'échec et à la malchance par une force étrangère sur laquelle ils croient ne pas avoir le contrôle, pourtant, ils sont eux-mêmes les créateurs de leurs propres malheurs car leurs pensées négatives sont captées par le subconscient qui les transforme en leurs équivalents physiques.

A cause de ceci, beaucoup d'églises profitent d'exposer de thème en relation avec la sorcellerie, la pauvreté, la réussite pour attirer les prétendus chrétiens. Cette catégorie de chrétiens pense que la pauvreté matérielle est éliminée par l'église or que c'est en travaillant. Leurs pasteurs leur promettent ce qui n'a jamais été réaliser. A cause de la parole partagée dans le sens des biens matériels, des accusations de promoteurs de leurs sorts et de la recherche de ces derniers, ils deviennent des hommes et femmes négatifs. Ils ne pensent que du négatif à l'égard des autres. Même devant une situation, ils ne prennent que le côté négatif. Il y en a qui partagent plus les expériences négatives en expliquant comment ça se passe dans les ténèbres qu'ils prétendent quittés. A cause de ces partages, beaucoup se séparent de leurs familles, car ils trouvent en eux ce que l'on a témoigné à l'église. Si par exemple on leur a dit que celui qui mange en parlant est un sorcier, tous ceux qu'ils verront faisant cela sont sorciers. Voilà la négativité !! Ils ne comprennent pas la loi d'attraction. En pensant beaucoup à ce que vous n'aimez pas, cela va vous arriver car vous y pensez plus. Si vous devez éviter quelque chose, n'y penser habituellement pas, si non le subconscient fera son travail. Tout ceci leur amène à rêver plus les attaques et tout ce qui est mauvais et se disent, j'ai eu une révélation que ceci, cela et se plaignent beaucoup. Leur sujet n'est pas le changement du cœur qui doit être la solution à tout et qui doit permettre de trouver le mal qui est en soi mais les accusations et des plaintes.

D'autres aussi dans le même bain que les précédents, croient qu'il y a une catégorie de la sorcellerie qui n'est pas délivrable.

Demandons-nous s'ils réduisent Dieu en quoi ? Ou qui délivre ? Si c'est Dieu, qui est plus fort entre le sorcier et Dieu ? C'est comme si les sorciers ont une catégorie de puissance supérieure à la puissance divine. Raisonnons entre Dieu incapable de délivrer une partie de puissance satanique et sorcière capable de coder de qui auront-ils confiance ou de qui auront-ils peur. Ils doivent savoir que quand Jésus vient délivrer, la voix utiliser par Satan pour occuper le corps de l'homme porte peut, il suffit que la personne ait la foi en Jésus et que Jésus ait la volonté de délivrer. Qui a connu la cause qui a fait que l'homme Gérasénien soit possédé par l'esprit démoniaque légion? Marc 5:1-16. Jésus a seulement délivré. Et n'avait pas besoin de savoir qui l'a provoqué et la puissance ou le nombre de démons n'est pas un problème. C'est seulement la foi.

Avec cette mentalité, ils vont d'églises en églises pour la recherche de Dieu qui délivre. N'allez pas plus loin pour chercher Dieu. Il est en vous si vous vous donnez à respecter ce qu'il a prescrit par son Fils et si vous avez la foi.

Il faut toujours savoir que le subconscient transformera en son équivalent physique tout ordre donné par celui qui a la foi en sa réalisation. Pour que votre désire se réalise en faisant appel à votre subconscient faites comme si vous étiez déjà en possession de ce que vous désirez. Il n'est pas facile de croire profondément à un ordre donné par son subconscient si on n'a pas la force du plus Haut qui est son esprit saint et si on n'a pas la foi.

Nous insistons que la foi ne s'acquiert pas tout simplement en lisant des instructions mais il faut une certaine expérience et pratique. Un chrétien doit savoir que **la base du christianisme c'est la foi (en Jésus).** Aussi l'écriture prévoyant que Dieu justifiera les païens par la foi, a jadis annoncé cette bonne nouvelle à Abraham: toutes les nations seront bénies en toi (Gal. 3: 7-8; Gen.12:3; Ja.2:23; Gen.15:6). Tout miracle n'est accompli que par la foi et avec tous les Mystères qui ne peuvent être expliqués par la science. La FOI est le seul antidote connu de l'échec. La FOI est l'élément, le "produit chimique", qui, dans la prière, permet de communiquer en direct avec l'Intelligence Infinie.

Des professeurs de religions et beaucoup d’autres gens pensent qu’ils sont chrétiens et pourtant ils ne le sont pas et ne comprennent même pas le sens de la foi et n’en ont pas. Quand on n’a pas la foi (surtout en Jésus), on n’est pas chrétien. Ce qui est important aux chrétiens c’est la foi qui agit à travers l’amour. C’est par la foi et l’esprit que nous attendons la justice espérée (galate 5:5-6). C’est la foi qui sauve à présent et qui va sauver (galate3: 6-9) ; celui qui en manque est sous la loi (Galate 3:29 ; galate 4: 3-7).

Sachons que la vraie foi se manifeste par ses œuvres car dit on : comme le corps sans âme est mort, de même la foi sans les œuvres est morte (Jacques 2 :26).

Ayez foi en vous-même ; foi en l'Infini, Rappelez-vous que : La FOI est “l'éternel élixir” qui donne à la pensée la vie, la puissance et l'impulsion créatrice ! La FOI est la seule qui permet aux hommes de capter la force cosmique de l'Intelligence Infinie et de l'utiliser. Pensez par -dessus tout cela le bouclier de la foi, avec lequel vous pourrez éteindre tous les traits enflammés du malin (Ephésiens 6 :16). Pour mieux comprendre en quoi et comment croire, lisez le credo de Nicée-Constantinople de l'Eglise Catholique

5. LA PRATIQUE DE L'ABNÉGATION

Dans le processus de celui qui veut gagner la vie éternelle, il existe une étape appelée abnégation.

Dans la demande du jeune homme riche qui a voulu que Jésus lui donne une directive à suivre pour gagner la vie éternelle, Jésus lui a demandé d'abord de lire les commandements ou loi de Dieu et de les mettre en pratique. Or que le jeune riche mettait déjà en pratique ces commandements avant de venir auprès de Jésus. Jésus étant un maitre plus intelligent a vite compris qu'il lui manquait une étape plus facile mais difficile pour un homme suite à son égoïsme. C'était l'abnégation qui lui manquait. C'est pourquoi, il lui a dit d'aller vendre tous les biens qu'il possédait, les partager aux pauvres et puis suivre Jésus du reste de sa vie.

L'abnégation, c'est le renoncement, le sacrifice, le détachement à tout ce qui n'a pas rapport avec Dieu. Elle évoque le principe mystique de don de soi, soit le sacrifice volontaire de soi; donc, de son intérêt.

Celui qui a écouté la parole de Dieu, qui l'a compris et qui l'a cru, doit abandonner sa première possession pour prendre ou posséder ce qu'a donné cette parole (Matt.19:21, 27; Romains 6:6).

L'abnégation comme la définition le dit, implique le renoncement, soit l'abandon à la fatalité, l'abandon à la volonté divine en rejetant des pulsions purement égoïstes.

En général, l'abnégation pousse plus loin l'attitude de détachement exprimée dans les deux notions: celle d'abandon et celle d'acceptation.

Elle intervient après avoir écouté, compris et cru la parole de Dieu.

Prenons ces deux notions qui expriment l'attitude de détachement.

1. ABANDON

Abandon vient du verbe abandonner qui signifie :

⇒ Quitter, lâcher ;

⇒ Renoncer à quelque chose;

⇒ Ne plus vouloir de quelque chose ou quelqu'un ;

⇒ Laisser de faire ou de continuer;

⇒ Cesser une activité.

Dans notre raisonnement, nous avons pris l'exemple du jeune riche devant le Seigneur Jésus-Christ. C'est pour quoi nous commençons par Matthieu 19:21 dans sa première phrase. « si tu veux être parfait , va, vends ce que tu possède, donne le aux pauvres». ceci explique que pour hériter la vie éternelle, il faut premièrement être parfait. Etre parfait c'est réunir toutes les qualités d'un enfant de Dieu sans aucun mélange de défauts.

Or, pour réunir les qualités d'un homme parfait, il faut laisser tout ce qui amène à l'imparfait. C'est pourquoi, il faut laisser sa première voie comme Jésus le demande au jeune riche. Vendre ses biens ici n'est pas synonyme de faire du commerce, mais c'est vendre sa richesse. Laisser l'activité qui procure de l'argent ou qui vous détourne car tout votre cœur est là où est votre trésor. Cette activité n'est pas laissée pour rien mais c'est pour le service des autres et les autres sont ceux qui en manquent.

Nous devrons comprendre que celui qui désir la vie éternelle doit laisser tout ce qui donne avantage à lui seul pour l'avantage de Dieu et des autres. L'avantage de Dieu n'est pas visible s'il n'y a pas l'avantage de l'homme.

Si nous voulons une vie d'ensemble avec Jésus, nous devrons nous oublier (Matthieu 16:24). S'oublier, c'est renoncer à tout ce qui vous donne ce que vous avez présentement et suivre Jésus. Suivre Jésus est la deuxième notion d'abnégation et nous allons le développer dans l'acceptation.

Si la voie qui nous paie et qui fait qu'on supporte ses enfants ou qu'on vive heureux, ne correspond pas à la voie divine, laisse – la quoi que la difficulté va suivre. Cette difficulté c'est ça que Jésus appelle croix. Mes frères, suivre Jésus est une souffrance aux yeux humains. C'est-à-dire, la vie éternelle est une souffrance aux yeux humains tant que l'homme nait avec égoïsme depuis la faute d'Eden. C'est pourquoi, le Christ nous parle de la croix. Il était le premier de se charger de cette croix pour nous sauver mais nous devrons nous charger de notre croix pour gagner la vie éternelle (Matt. 12:38; Marc 8:34).

Se charger de sa croix, c'est accepter de souffrir. Exemple si tu gagnais l'argent par fraude et que tu laisses ce travail pour suivre les règles divines, c'est une croix car tu deviendras « piakaire » comme les Kinois le disent. A part le fait de manquer l'argent pour bien vivre, tu seras aussi buté à d'autres difficultés. Tel que les amis qui restaient avec toi dans cette pègre vont chercher à te nuire pour ne pas divulguer le secret. Mais toi, si tu as accepté cette croix, tu ne peux pas te décourager car accepter Jésus c'est accepter la mort physique pour la vérité et la justice. Notre père de la foi (Abraham), a laissé tous ses biens et s'est donné à réaliser l'instruction divine qui ne donnait aucun avantage aux yeux des hommes. De mêmes Moïse a laissé le palais royal pour aller souffrir dans le désert. Jésus, Dieu le Fils, était le premier à pratiquer l'abnégation en laissant sa royauté pendant un moment pour venir souffrir entant qu'homme sur terre pour sauver les hommes.

C'est pour quoi le Seigneur nous prévient et nous invite à laisser toute voie qui nous détourne, quel qu'en soit son avantage. Connaissons nous l'avantage de la main, du pied de l'œil pour le corps? Mais le Christ nous dit de n'est pas le suivre, plutôt de les couper au cas où ils nous induisent en erreur, Car le fruit que donnera cette abnégation c'est la vie éternelle.

Que comprenons nous par pied, œil et main? Le pied peut-être la voie ou le moyen que nous utilisons pour avoir ces femmes avec qui nous nous prostituons. Il peut être la voie ou le moyen que nous utilisons pour corrompre, pour voler, tuer ou se procurer d'argent.

La main peut être, l'argent que nous utilisons pour que ces femmes nous acceptent, ou l'argent que nous utilisons pour acheter les habits séduisants. La main peut être le corps que nous exposons pour attirer les hommes.

L'œil peut être la fonction que nous avons qui fait que nous puissions tout voir ou tout contrôler. L'œil peut être le moyen ou la fonction qui fait que nous ayons de l'orgueil, etc.

Sachant que le monde n'aime pas la vérité, dire la vérité c'est une croix. Aujourd'hui, la personne qui vit dans la vérité n'a pas beaucoup de chances de gagner beaucoup d'argent, car ceux qui ont beaucoup d'argent et qui dirigent les entreprises sont souvent des menteurs. Mais toi, cherche une bonne manière quand tu collabores avec eux et saches que la vie éternelle demande toujours la vérité, la justice, etc. Si tu embrasses cette voie de la vérité, acceptes la croix d'isolement car tu resteras presque seul, tu n'auras plus tant d'amis, on t'accusera de tous les maux et la société te considérera comme le menteur, l'escroc, la personne de la haine etc. cette mauvaise réputation est une croix que tu portes. Parfois elle te fera penser à abandonner la vérité pour se joindre aux autres, mais saches que le Seigneur dit: « malheur à la personne qui marche selon le conseil des méchants et à celle qui envie les voies des méchants. (Psaume 1:1)

2. ACCEPTATION

L'acceptation vient après avoir écouter et approuver que c'est bon ce que l'on a écouté. Accepter c'est aussi agréer ou s'engager.

Cette étape d'acceptation est la deuxième étape de l'abnégation. C'est une étape très utile, qui amène l'homme à se joindre à Dieu.

Notre père de la foi, a quitté son village pour une place inconnue. Paul, après avoir écouter la voie de Jésus en cours de route a accepté de devenir un esclave en partant prêcher toute sa vie dans les nations lointaines.

Les apôtres (Pierre et son frère André ont directement suivi Jésus pour qu'ils les fasse des pêcheurs d'hommes.

Accepter montre la foi que vous avez envers Dieu ou sa parole écoutée.

Accepter, c'est faire ce que Dieu veut et non ce que ton avantage humain veut.

Accepter c'est s'engager à faire ce que veut la parole de Dieu.

Celui qui s'engage dans la parole de Dieu, ne peut jamais reculer pour reprendre ce qu'il faisait avant. Quand on accepte c'est pour toute la vie.

Pierre qui a accepté a voulu reprendre son travail de pèche, et voilà le Seigneur lui apparu pour lui dire de ne faire que le travail qu'il lui a laissé.

Du fait que l'engagement est de faire, alors la parole sera pratique. Donc tout ce qu'on fera doit refléter la parole.

Quant on pratique la parole de Dieu, on ne peut plus regretter les passé ou les avantages de la vie passée, surtout quand ceux qui sont restés dans le pègre qu'on fréquentait se développent matériellement. Si tu regarde ceux là, sache que tu vas étouffer la parole qui est en toi comme le précise la parabole du semeur dans Marc 4:19.

3. BENEFICE DE L'ABNEGATION

Le bénéfice est révélé par Jésus dans Matthieu 19: 29: « qui conque aura quitté, à cause de mon nom, ses frères, ou ses sœurs, ou son père, ou sa mère, ou sa femme, ou ses enfants, ou ses terres, ou ses maisons, recevra le centuple et héritera la vie éternelle ».

6. METTRE LA PAROLE EN PRATIQUE.

La parole est mise en pratique que lorsqu'on l'a écouté, compris, cru et on s'est engagé. Ceci veut dire, la mise en pratique de la parole intervient après cinq autres étapes. Celui qui ne lit pas et qui n'écoute pas cette parole, ne la mettra pas en pratique. Quand on se limite à écouter, cela ne sert à rien. Entrons en profondeur, comprenons-la, croyons et pratiquons-la. Prenons la parabole du semeur (Luc 8 :4-15), le vrai cœur est celui qui entend la parole, la retient honnêtement et dans le bon sens, et porte du fruit (en pratique) avec patience. La croyance est prouvée dans la pratique (Jacques 2:14-26). Quand elle est mal comprise, on l'utilise de manière abusive.

Prenons l'exemple de Saul (Paul), quand il persécutait les chrétiens, d'après la compréhension qu'il avait que ces derniers abusaient la parole, car les anciens de l'église (pharisiens,…) ne comprenaient pas les prophéties qui parlaient de Jésus dans la bible et attendaient un Jésus qui va délivrer politiquement, matériellement selon Miché 5 :2-3, mais ce n'est pas la réalité qui s'est présentée sous leurs yeux.

Cette mauvaise compréhension était prouvée par la parole de Jésus disant que les pharisiens ne l'on pas compris (Matt 11:24-27).

En route pour Damas, Saul eu la vraie parole, la comprenant, cru et la mit en pratique toute sa vie, en devenant Paul. Cela veut dire que quand nous avons cru, la dernière étape qui est la pratique, doit prendre toute notre vie. Et nous devons changer d'identité. Le changement d'identité va au-delà du nom. Le nom est un simple signe. Il est devenu Paul pas seulement de nom mais aussi des actes. S'il était orgueilleux, il est devenu humble ; persécuteur changé en ami des chrétiens ; haineux changé en amoureux qui a accepté de mourir pour la parole.

Il y en a qui pensent que si tous les autres ont volé l'argent de l'Etat, moi aussi je dois voler car je souffre, ce n'est pas un problème. Le verbe voler chez Dieu ne regarde pas la place et le montant ou la valeur de ce qu'on a pris sans permission. Si les autres ont volé 100000 $ et que toi tu voles 1000fc, tous, vous serez appelés voleurs aux yeux de Dieu.

Quoi pratiquer ?

Nous devons pratiquer la base de la parole qui est le fruit du Saint Esprit. Le grand fruit de l'Esprit Saint est l'amour. Tout autre fruit vient là où il y a l'amour (de Dieu et du prochain). Les fruits qui se manifestent dans l'amour sont : la vérité, la paix, la justice, la joie, la patience, la bonté, la foi, la bénignité, la fidélité, la douceur et la tempérance (Galates 5 :22). Ces fruits sont des armes pour combattre Satan en vous ou en une autre personne (Ephesiens6 :11-18). Pour constater que Satan est en nous, nous devrons nous comparer aux péchés capitaux que le Père Roger WAWA a cité dans sa catéchèse du 09/08/2017, il s'agit de : « l'orgueil, l'avarice, la luxure, l'Envie, la gourmandise, la colère et la paresse ». A cela poursuit l'abée MBOLE, « qu'il faut se connaître soi-même et mettre les vertus ou antidotes suivant en vous pour ne pas tomber dans ces péchés capitaux : avoir l'humilité (Col.3 :12), avoir le désintéressement (2cor.9 :5-7), avoir la chasteté ou contenance (Act.4 :25), avoir la charité (1Cor.13 :4-7), avoir la tempérance ou la modestie (Ecl.21 :19-22, 31-40), avoir la douceur et la patience (Matt.11 :29 ; Heb.10 :26 et avoir l'amour du travail (1Cor15 :58) ».

Le combat spirituel commence le jour où vous avez connu votre position car personne ne peut combattre ses maux s'il ne les connait pas. Dès la connaissance de son état peccamineux, prenez ces armes citées ci-haut car Satan est plus fort. Lisez attentivement Ephésiens 6 :11-18 et vous comprendrez que rien ne sert à envoyer le feu, car la souffrance est le résultat de nos péchés. Si vous ne comprenez pas, Satan se met là où on lui facilite l'entrée et la vie. Si vous êtes l'auteur de votre malheur, Satan ne dira-t-il pas que c'est vous-même l'auteur ? Le feu ne fera-t-il pas le retour à l'expéditeur ? Lisez Esaïe 58 et vous vous rendrez compte des vrais jeûnes qui plaisent à Dieu.

La grâce de Dieu ne signifie pas que tout le monde sera sauvé, mais c'est la facilité d'être sauvé que nous avons reçue en Jésus. Cette liberté que Dieu a accordée à Adam et Eve, est réactivée à la mort de notre Seigneur Jésus. Dieu a laissé à l'homme la liberté de choisir le bien ou le mal, sachant que le bien amène à la vie éternelle et le mal à la mort, mais l'homme a choisi le mal. Dès cette désobéissance à Dieu, l'homme devait des holocaustes à Dieu pour sa sanctification. Pour pardonner, Dieu a envoyé son **Fils Unique** pour mourir à la place des hommes afin que quiconque **croit** en **lui** ait la vie éternelle (Jean 3 :16). La grâce de Dieu est accordée aux repentants (Rom 5 :15). C.à.d., pour bénéficier de la grâce de Dieu, il faut se repentir, en croyant en Jésus.

Si la grâce était de la façon dont le monde pense, la condition de croire n'aurait pas être épinglée.

Que signifie au juste Croire selon Jésus ? Si croire était tout simplement accepter l'existence de Jésus, Satan aussi sera au ciel, car il connait Jésus et le croit qu'il est Fils de Dieu (Marc 5 :2-7). Dire au nom de Dieu ou de Jésus ne signifie pas qu'on est de lui car Satan l'a dit au verset 7 de Marc 5.

Croire en jésus se manifeste par nos actes. La vie de celui qui a cru doit témoigner ou faire voir les œuvres de l'Esprit Saint. La croyance est comme une théorie. La théorie est bonne ou meilleure que si elle est appliquée. La théorie qui n'amène pas à la pratique n'est pas utile, elle est stérile. C'est un malheur des africains qui ont des enseignements théoriques, difficiles à mettre en pratique. Et cela s'étend jusqu'au niveau de la parole de Dieu.

La croyance en Jésus est celle qui est pétrie de foi. Or que ce qu'on fait reflète ce dont on croit et ce dont on a foi. Dieu rendra à chacun selon le fruit de ses œuvres. Les œuvres mauvaises sortent de l'homme qui en a au fond du cœur. Rien ne peut se manifester sans ce qui est au fond du cœur (Matt 15 :18-19 ; Marc 7 :21-23). Pour comprendre et pratiquer la parole de Dieu, il faut qu'elle ait pénétré dans le cœur (Deut.6 :6).

Si la grâce sauve, c'est par le moyen de foi qu'elle sauve (Eph.2 :8). La foi est différente de la parole qui sort une fois dans la bouche de l'homme. C'est-à-dire, ce n'est pas en disant j'ai la foi que le cœur l'éprouve. La croyance de la parole de Dieu c'est se faire un cœur nouveau. La parole de Dieu amène l'homme à discerner l'état de son cœur, à comprendre l'incapacité dans laquelle il se trouve et améliorer (se faire un cœur nouveau, rejetant toute saleté et tout débordement de malice). C'est alors, il reçoit avec douceur la parole implantée en lui qui a la puissance de sauver son âme (Jacques 1 :21).

Mettez en pratique la parole et ne vous bornez pas à l'écouter en vous trompant vous-mêmes par des faux raisonnements, car si quelqu'un écoute la parole et ne la met pas en pratique, il est semblable à un homme qui regarde dans un miroir son visage naturel, et qui, après s'être regardé, s'en va et oubli aussitôt quel il était (Jacques 1 :22-24). Comprenons que la connaissance intellectuelle des écritures ne suffit pas, c'est la connaissance du cœur qui enrichit et dont les fruits sont manifestés dans la vie pratique. « L'obéissance pratique manifeste l'état du cœur et il faut d'abord veiller sur son cœur afin de pouvoir ensuite marcher fidèlement ».

Mettons en étude cette parole de Jean : « si nous disons que nous sommes en communion avec Dieu, et que nous marchions dans les ténèbres, nous mentons, et nous ne pratiquons pas la vérité. Donc, la vérité est pratique.

Ou nous sommes de Dieu et nous obéissons à Dieu, ou nous sommes de Satan et nous obéissons à Satan. Nous sommes serviteurs de Dieu ou esclaves du péché. Et si ce sont les péchés qui dirigent notre vie, nous ne pouvons pas le nier mais crions plutôt à Dieu qui est toujours prêt à nous libérer par Jésus Christ notre Seigneur, Sauveur et Rédempteur. Et sachons que nous sommes en présence d'un Dieu Saint qui voit tous les secrets, les pensées et les actes cachés de notre vie. (Job 34 :21-22 ; Jean 2 :24).

Ne vous y trompez pas, on ne se moque pas de Dieu. Ce que vous aurez semé, vous le moissonnerez, que ça soit sur terre qu'à la vie à avenir.

Lisez le chapitre 28 de Deutéronome. Tout ce chapitre nous instruit à pratiquer la parole de Dieu et met la pratique en exergue comme condition de la bénédiction. Nous dirons à tout celui qui lira cette partie de lire sous forme de méditation, tout Deutéronome 28 et 29.

Commençons par Deut. 28:1: « Si tu obéis à la voix de l'Eternel, ton Dieu, en observant et en mettant en pratique tous ses commandements que je te prescris aujourd'hui, l'Eternel, ton Dieu, te donnera la supériorité sur toutes les nations de la terre. »

Ce verset, nous montre que la bénédiction est conditionnelle. Ne sera béni que celui qui obéit à la voix de l'Eternel, qui observe et met en pratique les commandements de Dieu. Ceci veut dire que pas seulement la connaissance de la parole, mais aussi sa mise en pratique. Comme nous l'avons dit précédemment, la bénédiction n'est nécessairement pas une grâce de la façon dont nous pensons.

La foi est éprouvée par la mise en pratique de la parole. Celui qui observe la parole, c'est celui-là qui la met en pratique. Tout ce que vous cherchez, vous l'aurez si vous mettez en pratique ce qui est écrit dans le livre de la loi. En ceci, nous insistons aux églises qui n'exposent pas cette condition en disant seulement aux chrétiens qu'ils seront la tête et non la queue, sans terminer ce verset 13 qui dit: « l'Eternel fera de toi, la tête et non la queue, tu seras toujours en haut et ne seras jamais en bas, **lors que tu obéiras aux commandements de l'Eternel, ton Dieu, que je te prescris aujourd'hui, lorsque tu observeras et les mettras en pratique**. » voilà, le verset 13 de Deut.28.

Il prouve que sans le respect des règles de Dieu, il n'y a pas bénédiction. Car la bénédiction n'est que la conséquence positive de la pratique des instructions Divines.

La bénédiction en tant que conséquence, émane de Dieu, car elle est une faveur accordée par Dieu. Elle n'est accordée qu'à celui qui est favorable.

Toute réussite est conditionnée par la mise en pratique de la parole. C'est pourquoi, aux versets 9 et 29 de Deut. 29 il est dit: « vous observerez donc les paroles de cette alliance, et Vous les mettrez en pratique, afin de réussir dans tout ce que vous ferez. Les choses cachées sont à l'Eternel, notre Dieu »; les choses révélées sont à nous et à nos enfants, perpétuité, afin que nous mettions en pratique toutes les paroles de cette loi. Si tu veux être la tête, met en pratique la parole. Toutes les bénédictions sont disponibles pour toi, mais en respectant premièrement la loi. Si tu veux, respecte la loi et toutes les bénédictions qui sont dans Deut. 28:2-14 seront à toi. Mais, si tu n'obéis point à la voix de l'Eternel, ton Dieu, si tu n'observes pas et ne mets pas en pratique ses commandements et toutes ses lois, toutes les malédictions viendront sur toi et seront ton partage.

Comprends qu'ici c'est trop dur car même en les citant, elles sont plus nombreuses. Tu peux les lire dans Deut. 28:15-68.

c'est pour dire aussi que la malédiction est conditionnelle. Personne ne peut être maudit sans condition. Personne ne peut être maudit tant qu'il respecte. Si cela arrive, ce que nous n'avons pas respecté et faisons l'étude en nous référant à Eccl. 7:13-14.

Sachons que ces commandements sont réduits en amour, soit de Dieu, soit de notre prochain sans condition. Ayez et pratiquez l'amour et faites tout ce qui est lié à l'amour, vous serez bénis.

Sachez que: « *quand on n'aime pas les autres, on ne s'aime pas non plus » (Matt22: 39; Jacq.2:8).* Ceci dit que pour bien s'aimer, il faut aimer les autres. L'amour des autres libère et donne la paix. Pourquoi cet adage? Car celui qui n'aime pas ses prochains se cherche d'ennemis. Et quand on se cherche d'ennemi, on se cherche aussi des problèmes. Qui peut s'aimer et se chercher des problèmes? Quand on n'aime pas les autres, on ne cherche que ses propres intérêts sans penser que tout ce dont j'ai besoin, les autres en ont aussi besoin. En négligeant ce principe, on veut du succès et on cherche à ce que les autres soient sous sa dépendance.

Pour le prouver que celui qui n'aime pas les autres ne s'aime pas, voyons le dans l'exemple ci-après: un homme était dans un quartier où habitaient beaucoup de pauvres, il avait beaucoup d'argent et empêchait les autres à avoir même le dixième de ce qu'il avait, il a acheté quatre parcelles où il a construit une grande maison de cinq niveaux, or que tous les autres ont des petites maisons ou des maisonnettes. Cette différence a provoqué la haine et tous ses voisins sont devenus ses ennemis. Il se trouva entouré d'ennemis. Un jour ses adversaires de travail sont venus pour l'attaquer, ils ont contacté ses voisins pour avoir les vraies informations et ses voisins étant qu'ennemis eux aussi ont tout expliqué et l'un d'eux participa à l'opération et quand-il voulait entrer, ils l'ont tué. Personne ne devrait intervenir car tout le quartier ne l'aimait pas.

D'ailleurs, la première personne à souffrir est celui qui a la haine, car en voyant celui qu'il n'aime pas il se sent mal au fond du cœur, il devient mal à l'aise et c'est le début d'une maladie surtout si cette personne a des succès à sa présence.

OÙ PRATIQUER LA PAROLE ?

La parole doit être pratiquée dans nos familles, nos sociétés, auprès de nos prochains. Soyons souple car, toutes nos sociétés contiennent le mal et le bien. Cherchons à acquérir le bien, car ce que cherche l'oreille, c'est le cœur qui l'acquiert et l'oreille des sages cherche la connaissance (prov.18 :15). Il existe beaucoup de sociétés où l'homme se socialise.

Pour bien éclaircir ceci, voici un schéma d'intégration de l'enfant dans la société à la page suivante.

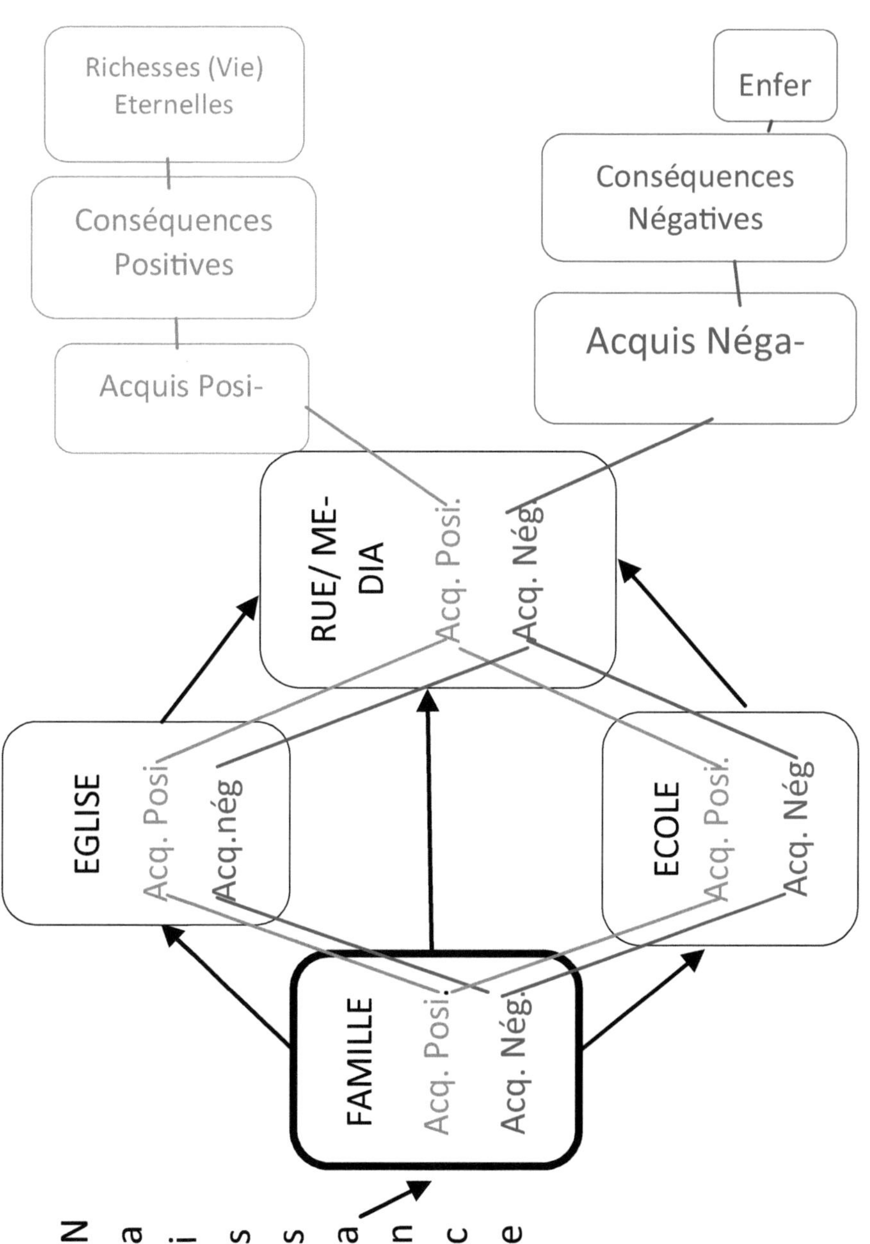
Richesses (Vie) Eternelles
Conséquences Positives
Acquis Posi-
Enfer
Conséquences Négatives
Acquis Néga-
RUE/ ME-DIA
Acq. Posi.
Acq. Nég.
EGLISE
Acq. Posi
Acq.nég
ECOLE
Acq. Posi.
Acq. Nég
FAMILLE
Acq. Posi.
Acq. Nég.
Naissance

A la naissance, l'enfant entre dans la première société qui est la famille et y entre sans culture, ni langue mais avec la capacité de s'adapter et d'imiter. La famille l'éduque et l'oriente vers l'église et l'école qui sont la deuxième et troisième société. Et lui-même se socialise à la rue et au média ou avec son environnement. Ces quatre sociétés facilitent l'enfant devenu jeune (à douze ans) à connaitre et à faire le bien ou le mal par son choix.

En effet, dans toutes ces sociétés, il y a le bien et le mal à imiter ou à ne pas imiter. Quand on s'adapte au mal, la socialisation se fera avec Satan et avec le bien la socialisation se fera avec Dieu.

Comment cela se passe -t-elle?

C'est dans la famille que l'enfant reçoit ce qu'il va appliquer dans les autres sociétés. Quand on nait, on imite ce que font nos parents et nos frères ainés. Si ce qu'il voit est négatif, il ne fera que du négatif partout. L'enfant ne fera pas le bien ou le mal qu'il ne voit pas.

En devenant jeune, la vie en groupe commence, et les influences des autres interviennent dans le bon ou dans le mal. Les influences négatives amènent à la perdition et les influences positives amènent au progrès.

Les influences négatives peuvent être :

- **Les plaisirs** : les plaisirs ne sont pas toujours mauvais mais très souvent ils mènent à faire ce qui est mauvais, surtout s'ils sont habituel dans notre subconscient. Il est de cas où le plaisir nous est demandé : les croyants sont appelés à donner avec joie (2 cor 9 :7), à trouver leur plaisir dans la loi de Dieu (psaume 1 :2). La nature du plaisir compte. Le plaisir que nous devrons avoir, est la reconnaissance que Dieu est le plus grand bien et en lui nous devrons trouver notre satisfaction ultime. Il n'est pas normal, d'aimer nos plaisirs terrestres plus que Dieu. La louange est le plus grand plaisir de l'homme devant Dieu. Depuis la chute et la séparation de l'homme d'avec Dieu, il nous est possible, et diablement aisé, de prendre plaisir à de mauvaises actions. Aimer beaucoup le plaisir, c'est se chercher la joie ou chercher à vivre que dans la joie. Cette vie éternise l'homme dans la pauvreté physique et spirituelle et il est l'une des œuvres de la chair (prov. 21 :17 ; galates 5 :19). Les plaisirs dans le monde aujourd'hui sont mauvais, surtout que les vrais plaisirs sont accompagnés soit d'un sexe opposé, soit de la boisson alcoolique. C'est pourquoi ceux qui les aiment, n'ont pas le temps de beaucoup réfléchir et de méditer la parole de Dieu. La personne de plaisir aime souvent des éloges et a des oreilles des éloges. Elle aime être appréciée, joue beaucoup et se donne plus aux distractions.

La bible nous dit : celle qui vit dans les plaisirs est morte quoique vivante (1 Timothée 5 :6). Celle qui est du plaisir demande pour satisfaire sa passion; c'est pourquoi ses prières ne sont pas exaucées (Jacques 4 :3).

- **L'impudicité** : Dieu dit de ne pas jouer avec l'impudicité mais de le fuir. Car elle détruit l'esprit et son propre corps. Celui qui se livre à l'impudicité pêche contre son propre corps. Quand vous souillez votre corps qui est le temple du Saint Esprit qui est en vous que vous avez reçu de Dieu, c'est ce qui fait que vous n'appartenez pas à vous-mêmes (1cor 6 :18-19). Et Paul dit : si quelqu'un détruit le temple de Dieu, Dieu le détruira ; car le temple de Dieu est Saint et c'est ce que vous êtes (1 cor 3 :16-18).

- **Le désir ardent des biens matériels** : ce désir des biens matériels appelé aussi amour des biens ou de l'argent, amène à se détourner des instructions divines, à enraciner tous les maux (1 Tim. 6 :10). Evitez d'exagérer ce désir, car il vous tue. Lisez Josué 7 et vous comprendrez comment Acan et tous ceux qui étaient avec lui ont péri parce qu'ils aimaient l'or, l'argent, les pierres précieuses et les beaux habits. Le même désir a poussé Judas Iscariote, disciple de Jésus Christ de devenir traitre et livrer Jésus pour ce qu'il pensait être son avantage (Matt. 26 :14-16 ; Marc 14 :10-11; 43-44 ; Luc 22:3-6; Jean 18 :2-5). A cause de ce détournement de l'esprit par la richesse, le Seigneur nous dit : ne vous amassez pas de trésors sur la terre, où la teigne et la rouille détruisent et où les voleurs percent et dérobent ; mais amassez-vous des trésors dans le ciel, où la teigne et la ruine ne détruisent point, et où les voleurs ne percent ni ne dérobent, car là où est ton trésor, là où sera ton cœur (Mt 6 :19-22). Or, notre cœur devrait être disposé à la recherche de la vie éternelle. L'amour et le désir des biens de la terre nous conduisent souvent au meurtre. Il va de pair avec le désir de gloire et celui de la puissance. Ce désir dans l'église amène à bien organiser l'église pour l'apparence et l'argent, mais pas pour Dieu. Le Seigneur nous dit : la vie de l'homme ne dépend pas de ses biens (Luc 12 :15).

- **La paresse** : est un péché Capital qui engendre d'autres. Celui qui est paresseux convoite toujours? il éprouve des désirs tous les jours (proverbes 21 :26) et ses désirs le tuent parce que ses mains refusent de travailler (proverbes 21 :25). Si vous voulez être en possession de tout, ne soyez pas paresseux, dit Josué aux enfants d'Israël et Paul à nous tous (2 Thes.3:6-15). Ayez des zèles, et non de la paresse (Romains 12:11).

La paresse se manifeste en beaucoup de choses. Il y en a qui ont la paresse de prier, de travailler, de lire, de raisonner (qui appauvrit la plus part de pays africain). Un paresseux est une personne de procrastination. Or, avoir la procrastination, c'est endurcir son cœur. On se dit parfois, je le ferai demain, sans le savoir que vous endurcissez votre cœur à l'appel du Seigneur (Héb. 3 :7-8). Quand vous renvoyez à un jour plus propice, sachez qu'il ne viendra pas. Un paresseux est une personne dépendante. Et quand on dépend, on n’est pas libre de dire, de faire ou d’agir, de manger, etc.

- **La drogue et l’alcoolisme** : si vous êtes parmi ceux-ci, vous allez rougir les yeux, vous serez des hommes des disputes, ayant les blessures sans raison, faisant des ah, des hélas qui sont les signes de trop tard (proverbes 23 :29-33).

- **La colère (fureur)** : cette humeur nous détruit, il détruit la santé physique et spirituelle. Car la bible dit : « de laisser la colère, d’abandonner la fureur, de ne pas s’irriter, ce serait mal faire (psaume 37 :8) ». Sachez que la fureur est cruelle et la colère est impétueuse (proverbes 27 :4). C’est pourquoi ne te hâte pas en ton esprit de t’irriter car l’irritation repose dans le sein des insensés (eccl. 7 :9), renoncez à la colère, à l’animosité (col.3 :8)

- **Le mensonge** : le mensonge est un grand signe de la présence de Satan, car c’est lui le Père du mensonge et le grand menteur (Jean 8 :44 ; genèse 3 :1-6 ; 2 cor 11 :3). Chaque fois que nous mentons, nous devenons enfant du diable, car celui qui est de Dieu est dans la vérité.

Parmi les 7 choses que Dieu hait, le mensonge n'est pas exempté (proverbes 6 :16-19). Si tu as ce que Dieu hait, tu dois connaître ton sort. Du fait que la vérité est le fruit ou la conséquence de l'amour, le mensonge est le fruit de la haine. Quand le mensonge habite votre pensée et votre cœur, sachez que vous n'avez pas de l'amour, car l'amour et le mensonge ne peuvent pas co-habiter ensemble.

- **Le séparatisme** : quand vous vous séparez entre vous, vous êtes contre Jésus qui prie au Père pour nous à ce que nous soyons unis (Jean 17 :19-22). Le séparatisme est un enfant ainé de la haine, tandis que l'unité est la fille ainée de l'amour. Or, Satan est haineux mais Dieu est Amour. Si vous vous séparez, vous êtes enfants de Satan. Un enfant de Satan peut-il chercher Dieu ?

- **L'orgueil** : un grand péché qui a fait tomber l'Ange de Dieu et devint l'ennemi de Dieu : le Diable (Isaïe 14 :9-17 ; Ez. 28 :12-17). Les hommes ont l'orgueil de leurs richesses, de leur bonne éducation, de leurs toilettes à la mode qui fait qu'ils exposent leur corps sans pudeur. Ils ont aussi l'orgueil de leurs ancêtres, de leurs pays, de leur culture, de leur pouvoir, ne sachant pas ce que dit 1 Pierre 5 :5. Sachez que l'orgueil a comme conséquences la chute et la ruine (proverbes 16 :18).

- **L'envie** : elle est un sentiment causé par un autre individu possédant quelque chose que l'individu affecté ne possède pas mais qu'il désire. Elle consiste à convoiter le bien d'un rival. L'envie est un vice et fait partie des péchés capitaux. Saint Thomas d'Aquin la définit comme « une convoitise ou une émotion éprouvée par celui qui désire intensément posséder le bien d'autrui. Il décrit aussi une certaine progression de l'envie, avec un début, un milieu et un terme ». Au début on s'efforce d'amoindrir la gloire d'autrui, soit secrètement (chicotement malveillant) ;

soit ouvertement (diffamation). Le milieu est ce qui résulte de cette volonté de diminuer la gloire d'autrui : soit l'on y réussit et l'on jubile d'avoir causé les difficultés, soit l'on échoue et on est déçu de voir la réussite de l'autre. Enfin, la haine. Voilà comment l'envie est produite de l'esprit de Satan. Comme lui-même Satan a convoité au début et cela a produit de la haine, c'est de même façon toi qui convoites produira la haine.

En voici quelques versets : Philippiens 1 :15 ; Genèse 4 :5 ; proverbes 23 :17 ; Tite 3 :3 ; 1cor 13 :4.

- **La jalousie** : elle est causée par la peur de perdre quelqu'un ou quelque chose, à laquelle un individu est attaché, ou qu'un autre individu possède. 1 corinthiens 3 :3 nous dit que nous sommes charnels et nous marchons selon l'homme si nous avons la jalousie. En fait, la jalousie reste au fond du cœur (Marc7 :21-23). Et fait manifester ses effets. Elle fait soupçonner les autres. La jalousie provoque beaucoup de disputes, car on veut avoir raison, sinon on perd sa dignité (jacques 3 :14-16). Elle conduit même au génocide (Genèse 4:3-8).

- **Le vol** : est un vrai résultat de l'envie, celui qui envie a une facilité de voler. Il est aussi le résultat de la paresse et de celui qui ne travaille pas. Le vol représente aussi l'égoïsme, on veut que ce que l'autre a puisse m'appartenir et que l'autre puisse perdre. souvent quand on vole, on ne tient pas compte de ce qui arrivera à celui à qui appartenait ce qu'on a volé. C'est du manque d'amour.

Les influences positives peuvent être (matt5 :48 ; marc12 :30 et Jn 4 :23):

- La lecture, l'étude et le partage de la parole de Dieu : qui donnent l'intelligence et la sagesse.
- La scolarisation et d'autres études : qui facilitent la compréhension et le développement individuel.
- La vérité ; qui est le fruit éternel venant de Dieu
- L'amour : qui est le grand fruit éternel et qui est la base de tout autre fruit éternel.
- Les reproches entre amis et l'introspection, la détection du mal : qui facilite la repentance.
- La prière: pour communiquer avec Dieu.
- Le travail : pour ne pas manquer à manger et à vêtir. Qui est la recommandation de Dieu.
- La patience: qui prouve qu'on a la confiance en Dieu.
- Le mariage légitime: qui est la conséquence d'un Converti.

Tout jeune donne ou reçoit ce qui est négatif ou positif à la société.

Faisons l'introspection pour trouver ce que nous avons donné et reçu dans nos sociétés. Comparons nos œuvres, sommes-nous du côté positif ou négatif ? Si nous sommes dans le bon que faisons-nous pour demeurer bon et associer les autres ? Et si nous sommes dans le mauvais que faisons-nous pour changer sachant que ce qui est négatif est un péché.?

La présence des miracles ne signifie pas nécessairement la présence de l'Esprit Saint de Dieu

Satan fait semblant d'utiliser les dons de l'Esprit Saint dans leur intégrité. Ne pensez pas que si quelqu'un dit au nom de Jésus qu'il est de Dieu. Entant que dieu de ce monde, il se déguise en ange de lumière, mais il n'est plus un ange de lumière comme beaucoup le croient et aiment à se présenter alors qu'ils s'offusquent d'une image qui le montre tel qu'il est. Comme, il y a encore de nos jours des faux prophètes et apôtres du christ. Et cela n'étonne plus ou ne peut plus étonner, car, leur père Satan se déguise lui-même en ange de lumière (2 cor 11 :13-14). Pour égarer ses disciples, il aveugle leurs yeux et l’intelligence pour qu’ils ne voient pas briller la splendeur de l’évangile de la gloire de Christ (2 cor 4 :4 ; Eph 2 :1-2).

Satan calque tous les dons de l’esprit Saint mais pas le fruit. Ce qui fait de Satan, Satan, c’est le manque de Fruits de l’Esprit Saint.

Satan prophétise, guérit, est intelligent, multiplie et produit toute sorte de miracle, à part celui de ressusciter les morts. Auprès des hommes, Satan montre les dons de l’Esprit Saint (faire des miracles) comme si c’est la lumière de Dieu. Il utilise ces dons pour séduire les hommes. Ces dons n’émanent pas de lui mais de Dieu. Suite à sa place ou son niveau par rapport aux hommes, il fait la même chose que la lune qui trompe ceux qui sont sur terre qu’elle produit la lumière, or que la lumière vient du soleil et sans soleil, la lune n’en aura pas. Sachons que la lune a un grand rôle pour la terre en aidant la terre avec la lumière enregistrée le jour pour éclairer la nuit mais aussi entant que la lune de la planète terre, sans elle, la terre devrait tourner 8 heures par jour et non 24 heures.

Mais Satan empêche la lumière de Dieu et ne prend que quelques dons pour séduire les enfants de Dieu. Mais il y a des dons que Satan n'aime pas, tel que la générosité.

Dans une église, on peut ou ne pas être de Dieu, il y aura de prophéties, de parler en langue, etc. ce qui prouve la présence de Dieu dans une église c'est l'amour qui doit être général et non circonstanciel (la période où on te donne, car il est de notre église, de ma famille, de mon pays, de ma race…). Ce dernier est conditionnel et ne vient pas de Dieu.

Si dans une église on met en exergue les miracles, ce que c'est Satan qui y est le chef.

Suite à son niveau par rapport aux hommes, Satan connait ce qui va se réaliser dans les jours qui suivent et précipite avec cette information pour instruire ses serviteurs qui vont le publier avant pour séduire. Ces prophéties restent souvent bonnes.

Ce qui différentie les serviteurs de Satan de ceux de Dieu est que ces derniers ne s'agitent pas, avec leur douceur, il ne précipite pas pour informer et n'ont pas besoin de succès.

Ils étudient comment publier. Mais ce qui est difficile est que les hommes considèrent les serviteurs de Satan comme de vrais prophètes car ils ont vu que la prophétie est réalisée.

La bible mentionne plusieurs fois des places où les serviteurs de Satan ont joué cette malice. Voici ces versets : actes 8 :9-11 ; Deut.13 :1-3, 18 :9-11 ; actes 19 :24 ; Daniel 2 :1-27 ; Ap. 19 :20 ; Matt 24 :24 ; Eph.4 :14 ; Thess.2 :9 ; Ap.13 :11-15.

Tous ces versets font voir que les dons de l'Esprit Saint pour beaucoup de miracles sont utilisés par Satan dans le but de séduire mais il lui manque ses fruits (l'amour, justice, la vérité etc.)

Sachons que Satan par manque d'amour est dictateur, car la démocratie vient de la liberté que Dieu a donnée par sa théocratie. A cela, il manque la miséricorde et ne pardonne pas. Demandez à ceux qui ont déjà pris de fétiche chez un féticheur (nganga kisi), vous verrez que s'ils négligent une des règles qui sont données, à la seconde la punition se manifeste. A cause de cela beaucoup sont morts à cause des fétiches qu'ils n'ont pas parfois utilisés. Beaucoup d'autres vivent avec une folie, beaucoup sont aveugles, etc.

Mais Dieu pardonne tout à tout le monde. Combien de fois nous n'avons pas obéi à Dieu sans que nous soyons punis et rentrons auprès de Lui demander pardon.

7. LA PRIÈRE

La prière est la communication avec Dieu. Si vous parlez sans qu'il y aie communication avec Dieu, il n'y a pas prière. Quand vous priez, sachez que vous êtes en connexion avec la puissance de Dieu. Si vous n'avez pas la foi, là, vous ne priez pas. La prière ne regarde pas la langue. Ne pensez pas que si vous priez en utilisant les mots des langues Israélites que votre prière sera exhaussée.

Approchez-vous de Dieu, et il s'approchera de vous (Jacq.4 :8).

La prière s'exprime en trois expressions : expression vocale, expression méditative, et expression contemplative.

L'Expression vocale est la prière vocale. Elle associe le corps à la prière intérieure du cœur. Même la plus intérieure des prières ne saurait négliger la prière vocale. Dans tous les cas, elle doit toujours provenir d'une foi personnelle. Avec le *Notre Père*, Jésus nous a enseigné une formule parfaite de la prière vocale Matt.6:7-13).

L'expression méditative est une réflexion priante, qui part surtout de la Parole de

Dieu dans la Bible. Elle met en œuvre l'intelligence, l'imagination, l'émotion, le désir, dans le but d'approfondir sa foi, de convertir son cœur et d'affermir sa volonté de suivre le Christ. Elle est une étape préliminaire vers l'union d'amour avec le Seigneur.

L'expression contemplative est un simple regard sur Dieu, dans le silence et dans l'amour. Elle est un don de Dieu, un moment de foi pure durant lequel celui qui prie cherche le Christ, s'en remet à la volonté d'amour du Père et se recueille sous l'action de l'Esprit Saint. Sainte Thérèse d'Avila la définit comme « un commerce intime d'amitié, où l'on s'entretient souvent seul à seul avec ce Dieu dont on se sait aimer ».

Les prières depuis le début du nouveau testament, sont faites au nom du Seigneur Jésus-Christ. Si vous voulez qu'elles soient exhaussées, demandez à son nom (Jean 16 :23-24).

Ne multiplier pas des paroles vaines en cherchant des expressions bibliques. La prière peut se faire en une phrase seulement et on l'exauce. Tel qu'un ami a prié Dieu en disant tout simplement: « que ta volonté soit faite ». Le problème réside à la disposition du cœur. Ce qui impacte plus chez Dieu, c'est l'état du cœur. Est-ce que ce que la bouche dit vient du cœur? Quand nous prions, nous devrons prier de tout notre cœur. Et avant de tout faire nous devrons parler d'abord avec Dieu pour qu'il nous instruise. Tous les hommes de Dieu l'ont fait, tel que Moïse (exode 33 :11), Elie (1Roi 19 :13-14), voir aussi lui-même le Seigneur Jésus Christ (Luc 4 :1-2 ; 6 :12, Marc 6 :46-47, Luc 22 :31-32), ses Disciples (Marc 14 :34). Invoquons le père et il nous répondra (Jérémie 33 :3).

En priant, ne cherchez pas à ce que les autres puissent sentir que vous savez prier. Savoir prier c'est prier avec foi et être concentré en ayant un mental abstrait qui fait que vous ne pensiez plus à autre chose pendant la prière.

Pour la prière, nous nous référons à la prière générale et de référence enseignée par le Christ lui-même: **Notre père qui est aux cieux! Que Ton nom soit sanctifié; que ton règne vienne; que ta volonté soit faite sur la terre comme au ciel. Donne-nous aujourd'hui notre pain quotidien; pardonne-nous nos offenses, comme nous aussi nous pardonnons à ceux qui nous ont offensés; ne nous laisse pas entrer en tentation, mais dé-**

livre-nous du malin. Car c'est à toi qu'appartiennent, dans tous les siècles, le règne, la puissance et la gloire, pour les siècles des siècles. Amen Matt.6:9-13).

En bref, cette prière a tout ce que l'homme peut demander à Dieu, c'est pourquoi elle est une formule. Elle est la plus parfaite des prières dit saint Thomas d'Aquin. Le *Notre Père* est appelé « Oraison dominicale », c'est-à-dire « la prière du Seigneur », parce qu'il a été enseigné par le Seigneur lui-même.

Elle veut qu'on commence par Le louer et Le sanctifier puis invoquer sa présence et sa direction, chercher à ce que soit accompli ce qu'il a planifié d'avance, demander de l'aide pour la vie (spirituelle, physique ou matérielle), demander pardon et se laisser sous sa sécurité.

Voyez ce que j'ai dit dans la foi ou l'assurance de recevoir à ce qu'on demande.

Premièrement reconnaitre que ton Dieu est ton Père. Là, la place de Dieu en toi est très bonne, car tu vas parler avec assurance car tu t'adresses à celui qui te prend en charge comme le papa biologique le fait à celui qu'il a mis au monde.

tu devras reconnaitre que Dieu qui est ton Père est aux cieux, sachant que celui qui est aux cieux est au-dessus de tout, il voit tout et tout est sous sa direction.

Elle contient sept demandes à Dieu le Père. Les trois premières, plus théologales, nous tournent vers lui, pour sa gloire : c'est le propre de l'amour de penser avant tout à celui qui nous aime. Elles indiquent ce que nous avons tout particulièrement à demander : la sanctification du Saint Nom, la venue du Royaume, l'accomplissement de Sa volonté. Les quatre dernières demandes présentent au Père de miséricorde nos misères et nos attentes. Elles lui demandent notre nourriture, le pardon, le secours dans les tentations et la délivrance du Malin.

Ton souhait durant toute ta vie est de vouloir que le Nom du Père soit sanctifié par tout le monde en commençant par toi-même. Rendre son nom saint et reconnaitre que son nom est saint. Cette sanctification est une louange qui reconnait Dieu comme le Saint Dieu.

Souhaiter ou vouloir que le Seigneur règne sur tout ce qui reste sur terre, que son règne arrive

Demandez pardon à Dieu pour tout ce que vous avez fait qui n'est pas conforme à sa volonté. Le pardon ce n'est pas la parole, mais c'est le sentiment du cœur. Reconnaitre que vous avez mal fait. N'est pas faire l'hypocrisie, car Dieu voit tout ce que nous faisons. Demandez pardon pour les péchés volontaires ou involontaires. Nous commettons presque quatre catégories des péchés: les péchés de pensée, de la parole, d'action et de l'omission. Quand vous demandez pardon, ne revenez plus à ce péché. Si vous l'avez fait à quelqu'un, allez premièrement lui demander pardon, si c'est voler, allez remettre avant de demander pardon à Dieu. Là vous serez pardonné. Si vous ne pardonnez pas aux autres, ne vous attendez pas au pardon de Dieu. Le pardon est la vraie preuve de l'amour, car il prouve que vous aimez ceux qui ne vous aiment pas.

Laissez-vous entre ses mains pour ne pas tomber dans les pièges sataniques. Et demander à ce que vous soyez détaché des maux sataniques. Donc être délivré de l'emprisonnement. L'ignorance est le vrai emprisonnement que Satan met en nous pour ne pas connaitre ce qu'on doit faire et ce qui est avant pour être libéré du règne de Satan. Donc celui qui doit régner en nous doit être LUI et tout ce que nous ferons doit dépendre de ses vouloirs car on ne peut jamais dire que c'est Dieu qui règne en nous tant que nous faisons ce qui n'est pas de Lui.

Sachant que Dieu est amour et veut du bonheur pour tout le monde, nous devrons demander que cet amour soit appliqué comme Il le veut toujours, surtout son vouloir est que tous les hommes soient sauvés (1 Tim 2 :3). Et que nous aussi, nous soyons ou nous ayons l'amour comme Lui. N'obligez rien à Dieu mais tout soit fait par sa volonté. Ceci nous amène à une prière qui veut la patience car c'est Dieu qui va accomplir avec sa volonté. Ici notre demande veut que, ce que nous devrons faire doit être sa volonté et ce qui doit se faire en nous doit être sa volonté et non celle d'une notre puissance.

Après la prière, il faut être patient et avoir l'assurance que ce que vous avez demandé sera donné mais par sa volonté et de sa manière, pas nécessairement ce que vous pensez ou comme vous pensez.

Comme lui-même le Seigneur nous l'a instruit, demandons, et il va exaucer nos prières (Matt. 7 :7) mais demandons avec foi et avec sa volonté (1 Jean5 :14-15 ; Marc 11 :24). Nous devrons nous approcher du trône de grâce avec assurance afin d'obtenir miséricordes et de trouver grâce pour être secouru dans nos besoins (Hébreux 4 :16) et nous prierons avec persévérance (1Timoté 2 :8).

Voici la manière dont vous ferez votre prière : quand tu pries, entre dans ta chambre, ferme ta porte, et prie ton Père qui est là dans le lieu secret, et ton Père qui voit dans le secret, te rendra (Matt6 :6).Sachez que la prière est un don de la grâce, mais elle suppose toujours une réponse décidée de notre part parce que celui qui prie combat contre lui-même, contre la mentalité environnante et surtout contre le Tentateur, qui fait tout pour détourner de la prière. Le combat de la prière est inséparable du progrès de la vie spirituelle. On prie comme on vit, parce que l'on vit comme on prie.

CONCLUSION

Personne n'est parfait mais il est demandé de chercher à être parfait comme le Père celestre l'est. À cela, il est question de suivre le processus suivant: désirer la vie éternelle; chercher à connaitre la parole de Dieu; croire en Dieu, croire en Jésus-Christ, croire à la parole écoutée; s'oublier pour Dieu et les autres; mettre cette parole en pratique et se communiquer avec Dieu.

Croire c'est se repentir et faire ce qui est écrit. Alors personne ne croit tant qu'il fait ce qui est de Satan car Dieu est le Tout Puissant et tout ce dont on peut avoir besoin est facile en faisant le bien qu'en faisant le mal.

Crois en Jésus et tu auras l'Esprit Saint qui te donnera la forme pourque tu ne reviennes plus en arrière (Jean 7:37-39).

Sache que ne gagnera la vie éternelle que celui qui respecte les commandements de Dieu, qui les observe, les met en pratique et qui se donne corps et âme à Jésus-Christ (deuteronome 28:1-13; matthieu 19:16-21). Même pour la ve de la terre pour à réussir, il faut regarder Dieu et non nos problèmes car; regarder les problèmes nous enfonce tandis que regader Dieu nous éleve, nous donne joie et nous assure.

BIBLIOGRAPHIE

- BENEDICTUS PP XVI, *Compendium du Catéchisme de l'Église catholique* , Libreria Editrice Vaticana, 00120 Città del Vaticano, 2005, 159 Pages.
- .GSCHWEND J.R., le coeur de l'homme ou le miroir spirituel du coeur, All Nations Gospel Publishers, Pretoria, 1929.
- SEGON L., La Sainte Bible, éd. Revue, Alliance Biblique Universelle, 1910.
- MORET J., une vision chrétienne du plaisir: Hokhma 105, 2014
- NAPOLÉON H., Pensez et devenez riche, sur http://www.lois-du-succes.net
- MUGARUKA R., apprendre à lire l'évangile selon Matthieu, Médiaspaul, Kinshasa, 2003, 32 pages.
- TOB

Printed by Books on Demand GmbH, Norderstedt / Germany